基于经济学理论的
语言教学与研究

李 龙 ◎著

中国财经出版传媒集团
中国财政经济出版社

图书在版编目（CIP）数据

基于经济学理论的语言教学与研究 / 李龙著 . -- 北京：中国财政经济出版社，2021.6
ISBN 978 - 7 - 5223 - 0503 - 5

Ⅰ.①基… Ⅱ.①李… Ⅲ.①语言学－经济学－研究 Ⅳ.①H0 - 05

中国版本图书馆 CIP 数据核字（2021）第 071365 号

责任编辑：彭　波　　　　　责任印制：史大鹏
封面设计：卜建辰　　　　　责任校对：徐艳丽

中国财政经济出版社 出版

URL：http：//www.cfeph.cn
E - mail：cfeph@ cfeph.cn

（版权所有　翻印必究）

社址：北京市海淀区阜成路甲 28 号　邮政编码：100142
营销中心电话：010 - 88191522
天猫网店：中国财政经济出版社旗舰店
网址：https：//zgczjjcbs.tmall.com
北京财经印刷厂印刷　各地新华书店经销
成品尺寸：170mm ×240mm　16 开　11.5 印张　160 000 字
2021 年 6 月第 1 版　2021 年 6 月北京第 1 次印刷
定价：68.00 元
ISBN 978 - 7 - 5223 - 0503 - 5
（图书出现印装问题，本社负责调换，电话：010 - 88190548）
本社质量投诉电话：010 - 88190744
打击盗版举报热线：010 - 88191661　QQ：2242791300

本书受山东省教育科学规划课题"语言经济学视角下大学英语测评研究与实践"(编号:BYGY201926)和德州学院博士科研基金"语言竞争的经济学分析"(编号:2019xgrc02)资助。

前　　言

在国际和平的大环境下，经济发展是一个最需要关心的课题。语言学和经济学的融合研究，为语言学助力经济发展插上了翅膀。语言经济学是一门较为年轻的交叉学科研究，自马尔沙克（Marschak）1965年提出"语言的经济学（The Economics of Language）"的说法以来，通过50余年的发展，逐渐形成体系。总体来说，研究的内容一方面集中于经济学方向的思考，另一方面集中于语言学方向的思考。

所谓从经济学方向进行思考，就像传统的经济学一样，主要是考虑语言会带来什么样的经济利益。例如，从微观经济学的角度来说，语言会给个人在劳动收入上带来哪些经济或社会地位上的好处或缺点；从宏观经济学角度来说，制订某些语言规划或语言政策会有哪些成本，会给国家社会带来哪些经济上的利益等。语言经济学的收益也可以从不同的方面来衡量，前面提到的是直接的金钱利益，其实还可以是沟通的利益，如使用某种语言的人越多，从外部性来看，掌握这种语言就越有优势。当今社会英语成为更为通用的语言，一方面有经济的原因，另一方面也是因为使用的国家众多，沟通收益更强。

所谓语言学方向的思考，是指在语言学与经济学交叉的研究中，也有很多学者用经济学的方法来研究语言学。例如，经济学家鲁宾斯坦（Rubinstein）从"指示亲和性（Indication-friendliness）""信息蕴含性（Informativeness）"和"描述简易性（Ease of describability）"等角度论述了语义的产生，也有学者用经济学的方法（主要是博弈论的方法）来研究语用学，这是语用学研究的一个新的方向。这些研究不仅对语言学的研究有贡献，同时在经济学理论上也有一定的进展。

当然，还有完全讨论经济学语言的，如谈到了经济学分析中的数学语言等问题。这类成果不太多，一方面，这主要是语言学问题，经济学家似乎不太关心，语言学家的研究似乎还没转移到经济学语言。另一方面，作为现代经济学的语言，应该说主要是数学问题，而对于现代经济学来说，数学是经济学分析的工具，是使经济学更加条理清晰，更接近科学的一种方法论。因此，仅仅从语言学方面来考虑并不太贴切。

用经济学理论解释语言学问题似乎是一个非常可行的方向，语言学中的许多问题如果用经济学理论解释的话，就可能会出现有趣且比较实际的结论。不但可以论述语义的产生问题，语音、语法、词汇和修辞中的很多难以说明的现象也可以用类似的理论解释，甚至在语言教学中，如果懂得一些经济学原理，就可对语言教学起到更好的效果，而在语言竞争层面，输入经济学的视角可以有更理性和科学的发现。

本书尝试借助经济学的诸多理论，对语言教学和语言研究等问题进行相关的探讨。主体内容分为三个部分：基于经济学理论的语言教学；基于经济学理论的语言研究；语言本体研究中的经济学思想。在第一部分主要探讨了"经济学原理与语言学习""语言教学者的偏好"和"语言经济学与英语教育"等话题。在第二部分主要探讨了"语言博弈论""古诺纳什均衡与线上语言教学""博弈论视域下的城乡语言竞争""博弈论视域下防疫标语的效用与演变""经济学视角下的语言政策和语言规划"和"文字竞争的经济学分析"等话题。在第三部分主要探讨了语言本体研究中的经济学思想，如"汉语标题嬗变中的经济学思想""汉语应答词汇中的经济学思想"等。

本书从经济学和语言学跨学科的角度，对语言教学和语言研究提出了一些新的思考，希望对第二语言教学以及语言研究尤其是汉语语言研究能有一些借鉴和启示意义。语言交叉学科研究受到越来越多的学者的重视，像计量语言学、心理语言学和神经语言学等取得了较快的发展。语言学和经济学的跨学科研究尚且不多，还很难称为"经济语言学"，如果有的话，似乎可以将其这样定义："经济语言学（Analysis of Language with Economic Methods）是用经济学的思想和方法来研究语言现象的一门新兴交叉学科研究。它使语言学可以与经济学相结合，并对社会经济发展做出贡献的一门学科。从大的方向来说，属于社会语言学的一部分。"

感谢博士导师金锦秀教授的鼓励和帮助，感谢本科及硕士学习阶段尹世超教授和戴昭铭教授在语言研究道路上的引领、杨华教授和蒋可心教授在语言教学上的谆谆教诲，感谢中国财政经济出版社的编辑老师为本书出版付出的努力和汗水。经济学理论包罗万象，本书仅是投石问路式的尝试，有许多问题值得进一步发掘和探讨，书中不足之处，望广大读者不吝赐教。

李 龙

2021 年 3 月

目　　录

第一篇　基于经济学理论的语言教学

第一章　经济学原理与语言学习 …………………………………… 3
　　第一节　曼昆经济学十大原理与语言学习 ………………………… 3
　　第二节　边际产量与语言学习 ……………………………………… 10
　　第三节　边际效用递减率与语言学习 ……………………………… 12
　　第四节　坚持每天记住 10 个单词，其效益大于你的想象 …… 14
　　第五节　从网络外部性看个人外语学习与语言推广 ………… 15

第二章　语言教学者的偏好 …………………………………………… 23
　　第一节　语言教学者的偏好 ………………………………………… 23
　　第二节　经济学思想下产出导向法的思考 ……………………… 27

第三章　语言经济学与英语教育结合研究述评 …………………… 35
　　第一节　关于"语言经济学"的一个简要介绍 ………………… 35
　　第二节　研究的数据来源及数据分析 …………………………… 36
　　第三节　从数据分析看未来展望 ………………………………… 42

本篇小结 ·· 45

第二篇 基于经济学理论的语言研究

第四章 语言博弈论介绍 ································ 49

第一节 什么是博弈论 ································ 49
第二节 一个简单的语言使用博弈 ···················· 50
第三节 博弈的表达形式 ······························ 52

第五章 语言博弈中的纳什均衡 ························ 54

第一节 严格劣势策略的排除 ························ 54
第二节 最佳对策与纳什均衡 ························ 56
第三节 纯策略纳什均衡的语言学应用 ················ 58

第六章 古诺纳什均衡与线上第二语言教学 ·············· 62

第一节 关于线上语言教学 ··························· 62
第二节 模型的构建 ·································· 63
第三节 关于模型解的分析 ··························· 67
第四节 网课教学是否可以达到最大垄断收益 ········· 69

第七章 博弈论视域下城乡一体化过程中的语言竞争研究 ··· 73

第一节 城乡一体化与语言的竞争及演化 ·············· 73
第二节 城乡语言博弈的设定 ························· 74
第三节 城乡语言接触的演化博弈分析 ················ 76
第四节 语言博弈的一些其他个案 ···················· 79

第五节　语言博弈视角下的语言扶贫与语言保护 ………… 82

第八章　博弈论视域下民间防疫标语的效用及演变探析 ………… 85

  第一节　先行关于防疫标语的研究 ……………………… 85
  第二节　分析防疫标语的博弈论方法 …………………… 88
  第三节　标语制定者与民众的博弈 ……………………… 91
  第四节　标语内容影响下民众与民众间的博弈 ………… 97

第九章　经济学视角下的语言政策与语言规划研究 ………… 100

  第一节　运用经济学视角研究 RCEP 国家语言政策及语言规划的意义及可行性 …………………………… 100
  第二节　对 RCEP 国家语言政策及语言规划研究的目标及内容 ……………………………………… 103
  第三节　对 RCEP 国家语言政策及语言规划研究的思路及方法 ……………………………………… 107
  第四节　经济学视角下东盟国家语言状况调查研究的一个设想 ……………………………………… 108
  第五节　"看不见的手"与"看得见的手"：谈语言演变与语言规范 ……………………………………… 109

第十章　文字竞争的经济学分析 ………………………… 111

  第一节　什么是文字的竞争 ……………………………… 111
  第二节　韩日两国文字使用竞争的经济学分析 ………… 113
  第三节　简体字推广的经济学分析：来自博弈的视角 … 127

本篇小结 …………………………………………………… 139

第三篇 语言本体研究中的经济学思想

第十一章 经济学思想在语言本体研究中的体现……143

第一节 前期相关研究的述评……143

第二节 结构最优还是表意最优：现代汉语标题结构的嬗变探析……144

第三节 汉英应答词汇"那"的一个简易比较……147

第十二章 语言经济学交叉学科中的语言研究及思考……150

第一节 语言的起源与演变研究……151

第二节 语义学的研究……152

第三节 经济学视角下语言本体研究的一些展望……155

本篇小结……157

参考文献……158

基于经济学理论的
语言教学与研究
Part 1

第一篇　基于经济学理论的语言教学

第一章 经济学原理与语言学习

第一节 曼昆经济学十大原理与语言学习

经济学（economics）研究社会如何管理自己的稀缺资源（曼昆，2015）。经济学的研究方法可以用到社会的方方面面，也可用到对于语言教学和研究的探讨中。经济学家曼昆（2015）提出了经济学的十大原理。这十条原理既可用于经济学也可用于语言教学研究，我们来看在语言学习中这些原理可以怎样运用。

一、人们面临权衡（People Face Tradeoffs）

经济学中，人们的权衡取舍比较容易理解。例如，你有一定数量的钱，买了衣服，也许就不能吃好吃的东西；吃了好吃的东西，那么就买不了漂亮的衣服。也就是说，在总体预算上，你是有一个约束的。当然，如果你的收入增加，那么你就可能买到更多的衣服，吃到更多好吃的东西；或者衣服和美食的价格降低，你也可以获得更多的幸福感。但是一般情况下，我们的收入并不能满足我们所有的需求，因此我们需要在各种选择上做出取舍。

在语言学习中，同样面临类似的取舍问题。这个成本可以用时间来计算，你的时间是固定的，选择学习哪种或者哪几种外语就要做出取舍。对于大多数人来说，一般是掌握母语和一门在学校学到的外语，因为在学校学习，时间、金钱的成本较低。而如果一个人学有余力想再掌握其他外语，那么这个人不但要付出时间的成本，还很可能要付出金钱的成本。要学习哪一种第二外语，也是一个取舍的问题。

社会中面临的另一种取舍是效率和公平。曼昆（2015）提出："效率（efficiency）是指社会能从其稀缺资源中得到最大的收益；平等（equality）是指将这些利益平均地分配给社会成员。换句话说，效率是指经济蛋糕的大小，而平等则是指如何分割这块蛋糕。"效率与公平可以体现在语言课堂的教学中。效率是指语言教学所能达到教学效果的最大化。但是，老师又为了公平，可能在内容上稍微照顾水平不高的同学，这样可能造成整体的收益又减少了。因此，在语言课堂中，怎样兼顾教学的效率与平等，也是教师应该考虑的问题。

二、某件东西的成本，是为了得到这件东西而放弃的其他东西 (The Cost of Something Is What You Give Up to Get It)

机会成本（Opportunity Cost）是经济学中的一个重要概念。"一种东西的机会成本是为了得到这种东西所放弃的东西。"（曼昆，2015）。举例来说，一个人单身读到博士的成本，并不仅仅是学习期间的住宿费、伙食费、学杂费等，而包括因为读博所放弃的其他可能获得的东西，如婚姻等。

学习语言同样如此，一个人学习英语的成本，不仅与时间和金钱有关，也包括因为学习英语放弃的学习其他语言的机会。在我们的高中阶段，有的同学高考并不是报考英语，而是选择报考俄语或者日语等，其机会成本就是因为学习俄语或日语而放弃的学习英语的机会，这种成本甚至还影响到大学的学习生活。

三、"理性人"在边际处思考（Rational People Think at the Margin）

"理性人"常常会考虑边际收益。比如说，现在人们用手机频率很高，甚至购物结账都要借助手机。如果手机电量充足，那么跟朋友之间发个微信，聊多长时间都不是很在意，但是，如果手机电量已经不足，就不会再聊过多，因为此时手机电量的边际收益很高，还可能有重要事情需要用手机来做，如结账等，所以这个时候对于闲聊这种边际收益很低的事情就不会再重视。

"临阵磨枪，不快也光"，这是在临近考试之前常常听到的一句话。有的人很同意这句话，有的人则不以为然。同意这句话的人认为临近考试前的复习有着很高的边际收益，而不以为然的人往往是平时复习得较好，临近考试前觉得不用如此高强度复习。当代许多高校的大学生往往是期末考试临近前才熬夜认真复习，这其实体现了考试前复习边际收益极高的情况。

有一种语言学习也体现了极高的边际收益，就是打算去国外旅游时，常常会恶补一下外语，此时就是因为觉得学习一下外语的边际收益很高，因此极为重视，即使只是学会了一些简单常用的句子，也会开心不已。

四、人们对激励做出反应（People Respond to Incentives）

作为一个"理性人"，都会对激励做出反应。当有奖励时，就会去做某件事情；当有惩罚时，可能会放弃做一件不利的事情，这就是"理性人"对于激励所做出的反应。经济学中这一点比较容易理解，例如，商场对于原来比较贵的衣服等商品进行打折，那么许多原来还在犹豫的顾客就不再犹豫，积极去购买这些商品；反之，如果商品价格上涨，那么顾客可能就会放弃购买某件产品。

在语言学习中，学生同样会对激励做出反应。在日常的语言教学课堂中，教师就应当对于学生的表现予以激励，可使其不断进步，这可体现在过程性评价中。另外，语言类的考试同样如此，如果学校对某些考试做出激励，学生的成绩会体现出明显的变化，例如，有学校对于通过大学英语六级的学生进行加学分的激励，那么相应地报考六级并认真学习英语的同学增加了。我国还有一种新兴的英语考试，即国际人才英语考试，该考试采用了奖学金的激励形式，考生如能取得该考试的优秀档次，那么退还相应报名费，这也在一定程度上激励了学生的报考。

五、贸易使每个人变得更好（Trade Can Make Everyone Better Off）

每个人的特长不同，每个国家擅长的东西也不同。拿两个人来说，可能一个人善于种植农作物，另一个人善于养鱼，如果种植农作物的人为了吃鱼就自己去养，其成本又高，养的数量又少，还不如从养鱼的人那里买鱼更合算；同理，养鱼的人想吃粮食，自己种还不如去善于种植的人那里去买更合适，这时，就产生了贸易，贸易使两个人都获得了更高的幸福感。

学习同样如此，从小学到高中，可能有的同学擅长语文，有的同学擅长英语，有的同学擅长数学，同学之间如果互帮互助，那么都能补齐短板，共同取得进步；而如果互相嫉妒、互不理睬，则都是有损失的。

对于语言学习来说同样如此，语言学习同样是每个同学都各有所长。语言的互帮互助可以体现在两个方面：一是不同语种的人之间的互帮互助，有以英语为母语的人想学习汉语，也有以汉语为母语的人想学习英语，这时就可以设立英语角、英语沙龙等活动，人们自由交流，各取所长，共同取得进步。二是同一种语言学习中的互帮互助，如同学之间进行英语作文互评活动，这就是一种利用自己所擅长的知识帮助别人改正错误取得提高的过程，也是体现了"贸易使每个人变得更好"。

六、市场通常是组织经济活动的一种好方法（Markets Are Usually a Good Way to Organize Economic Activity）

经济学家亚当·斯密在其著作《国民财富的性质和原因的研究》中提到了"看不见的手"，认为受这只"看不见的手"的指引，市场资源优化配置，达到了最优的合理的结果。我们国家采用市场经济政策，对促进经济发展起到了巨大的作用，证明"看不见的手"理论基本是合理的。

市场通常是组织经济活动的好办法，同样是也是组织语言教育的好办法。如外语学科的设置，紧跟市场需求，设立相应外语学科专业，这就是市场的作用。当日语专业学生容易就业时，设立日语专业就是合理的；当法语专业学生容易就业时，设立法语专业就是合理的。随着与东南亚国家交往的增多，可能设立泰语、越南语等专业也是合理的。当然设立这些专业虽然紧跟时代需求，但是也不要一窝蜂而上，这样可能会出现"供大于求"的情况，此时就需要政府来调节，这也是下一小节我们要接着说明的。

七、政府有时能改善市场效果（Governments Can Sometimes Improve Market Outcomes）

当市场调节不灵时，政府的作用就体现出来了。市场调节是"看不见的手"，政府调节可以看作"看得见的手"。市场本身有时会出现不能有效配置资源的情况，如人们常常受到外部性产生的影响，这个时候就需要政府来控制和调节。

我们来举两个语言方面的例子。第一个例子是网络语言或者流行语的使用，网络语言和流行语使语言更加丰富，带有年轻气息，因此人们受其他人影响，也会逐渐地使用这些语言，这无可厚非。但是有时网络上会出现一些垃圾性质的语言，脏乱不堪，而有些人也会通过模因的方式运用这些语言，就像几千年传承的脏话并不消失一样，如果不对这些语言进行适当约束，那么不仅对网络环境，甚至影响到社会交往环境中语言的纯洁。

第二个例子是关于外语学科建设。外语学科的建设也应该是市场与政府共同作用才能达到最优的结果。举例来说，随着社会的变化和影响，可能会有一些外语语种一窝蜂而上，如受动漫影响许多学校设立日语专业，受韩流影响而设立朝鲜语专业等。近些年随着国家交往的增加，也有学校开设其并不熟练的小语种，这些专业虽符合市场需求，但一窝蜂而上就不是特别合适，这时就需要政府出面，统筹规划，认定合适的院校来开设这些小语种专业，培养国家需要的人才，这才是更合理的办法。

八、一国的生活水平取决于它生产物品与服务的能力（A Country's Standard of Living Depends on Its Ability to Produce Goods and Services）

一个国家生产物品和服务的能力越强，这个国家的人民平均收入就越高，人民就越富足。我们国家随着经济发展，生产物品和服务的能力提升明显，人们的生活水平也得到了飞速提高。

一国人们的语言水平也取决于国家语言服务的能力。拿普通话推广来说，国家每年都举行推广普通话活动，并有相应的普通话测试，当今国人的普通话水平进步迅速，许多说方言的三四线城市也逐渐开始使用普通话进行交流了。另外，随着出版业的规范与迅速发展，简体汉字也深入人心，甚至连许多使用繁体字的地区也开始印刷简体字书籍。这些都是一个国家语言服务能力提升的体现。

再就是关于语言类的慕课。以前人们学习外语，需要上辅导班，交纳许多学费进行学习。但是随着各种慕课平台的建设，许多语种（如英语、俄语、日语、西班牙语、法语等）都可以自己通过慕课平台进行学习。这无形中总体上提升了人们的外语水平。

九、当政府发行了过多货币时，物价上升（Prices Rise When the Government Prints Too Much Money）

当货币发行过多时，形成了物价上升并逐渐出现"通货膨胀"的情况。当全民学习英语时，也会形成"英语"的"通货膨胀"。

当前，我们对于英语的学习大多是从幼儿园开始，一直到大学阶段，英语的教学覆盖所有专业，这在某种意义上形成了语言的"通货膨胀"。许多家长在帮助孩子填大学志愿时，可能就会说出"为什么报英语专业，大家都会说英语"这样的观点。这其实就体现出英语学科受"通货膨胀"的影响，逐渐不受人待见，当前英语专业的发展遇到一些困境也与此有一定关系。因此，英语专业的发展，应该在不受"通货膨胀"影响的方面找出路，做普通人所掌握的英语技能所达不到的层面，如培养复合型的外语人才。

十、社会面临通货膨胀与失业之间的短期权衡取舍（Society Faces a Short-Run Tradeoff between Inflation and Unemployment）

经济学中，由于社会上货币量的增加，会造成通货膨胀的结果，但是通货膨胀时刺激了社会的整体支出，增加了物品和服务的需求，于是商家会雇佣更多的人员，这又刺激了就业率的提升。因此，通货膨胀对减少失业可以起到一定的作用。

语言的"通货膨胀"同样增加了就业机会。当前社会上的语言辅导机构，几乎大部分都是关于英语的教学辅导，这也是因为在中考、高考、大学英语四六级和考研等各类考试中对英语的重视，使几乎全部的学生都在学习英语，这样的话，学校的教学已经远远满足不了学生的需求。社会上辅导机构利用这样的机会，采取举办培训班的形式，进行英语教学，甚至形成了较有影响的上市教育培训机构，这对于解决就业起了不小的作用。当然，也可能会受经济、文化传播等因素影响，形成其他语言培训课程。

第二节 边际产量与语言学习

成本和产量是经济学中一个基本的问题，投入多少成本，可以获得最优的产量，是一个企业经常要考虑的。在语言学习中，也存在投入成本和产量的问题，拿复习大学英语四六级或者考研英语来说，很多学生都将记忆单词作为复习的基础，背单词时，往往买一本单词书，然后埋头苦读。起初，学习兴趣浓厚，记住许多生词，但随着学习时间的增加，效率却逐渐降低，我们对此做一个量化的分析。

我们以时间和掌握的单词量为变量，来合理假设一下一个学习者的生产函数曲线（见表1.1）。

表1.1　　学习者随着时间变化的学习量及记忆量　　单位：个

时间（成本）	学习量	记忆量
第1小时	50	50
第2小时	50	40
第3小时	50	30
第4小时	50	20
第5小时	50	10

我们在这里假设一个学习者持续学习5个小时，每个小时学习者都想学习50个单词，然而实际的情况是，第一个小时由于注意力集

中，可能记住所有的单词，而越往后随着注意力和体力的下降，能够记住的单词量会呈现逐渐递减的趋势（见图1.1）。

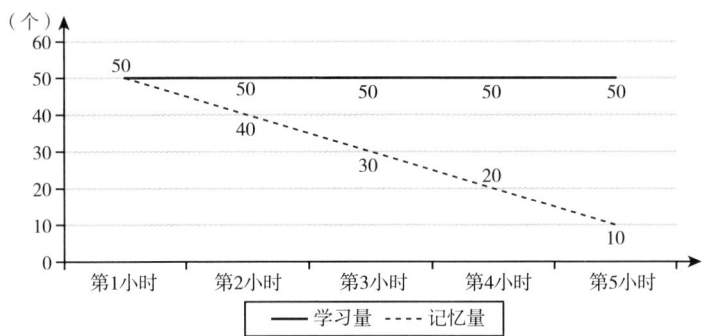

图1.1　学习者随着时间变化的学习量及记忆量趋势

在持续学习状态下，学习的效率明显是逐渐降低的，尽管每小时的效率在降低，但是其总体记忆量仍然在增加（见表1.2）。

表1.2　　学习者随着时间变化的学习量及总记忆量变化　　单位：个

时间（成本）	学习量	总记忆量
1小时	50	50
2小时	50	90
3小时	50	120
4小时	50	140
5小时	50	150

我们把这个数据采用生产函数曲线的方式来表示（见图1.2）。

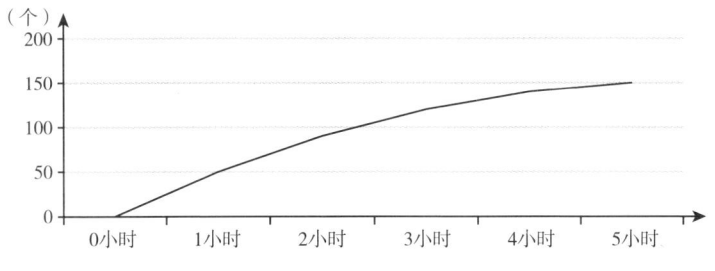

图1.2　学习者随着时间变化的总记忆量趋势

从图 1.2 中可以看出学习所用时间与记忆单词量之间的关系，随着持续学习时长的增加，总记忆量函数曲线变得平缓，这反映了边际记忆量的递减。单位小时的记忆量减少，也就是说，所用的时长更多，学习成本更高了。

学习过程中，任何一种投入的边际记忆量（marginal product）是增加一单位投入所引起的记忆量增加。例如，在我们前面举的例子中，以一小时为单位，持续学习到第 2 小时的时候，从第 1 小时的记住 50 个单词变成了记住 90 个单词，这样，第 2 小时的边际记忆量即为 40 个单词。同理，第 3 小时的边际记忆量为 30 个单词，第 4 小时的边际记忆量为 20 个单词，第 5 小时的边际记忆量为 10 个单词。可以看出，随着时间的增加，学习者的边际记忆量减少，这个特点在经济学上称为边际产量递减（diminishing marginal product），运用到语言学习中，我们可以称为"边际记忆量递减"，即持续学习的时间越长，由于受到体力和脑力的影响，学习状态下滑，记忆量就越来越少。

"边际产量"的概念，对于教师教学时间分配以及学生采取合理的方法进行语言学习具有重要意义，即同一内容持续性学习时间不要太长，可以将学习时间拆成不同的小段，中间合理休息，以达到最优化的效果。

第三节　边际效用递减率与语言学习

在语言学习中，我们常常会有这样的感觉，刚开始学习的内容，觉得十分有用，使用的频率也很高，但越到了后期，越觉得学习的内容使用频率低，感觉用处也越来越小。这其实就是边际效用递减（diminishing marginal utility）在语言学习中的一个体现。在实际的生活中，我们都有这样的体验，在非常饿时，第一碗米饭起到的效果最大,而到第二碗米饭就觉得效果降低了,吃第三碗米饭可能会吃撑。下面我们来了解一下边际效用递减率与语言学习的关系,以指导我们将语言学习得更好。

曼昆(2015)解释到,"任何一种物品的边际效用是消费者从多消费一单位该物品中得到的效用的增加。一般假设大多数物品表现出边际效用递减:消费者已经拥有的某种物品越多,额外一单位该物品所提供的边际效用就越低"。我们吃米饭的问题是边际效用递减的一种体现,语言学习中掌握单词或语法的过程也是一种边际效用递减的体现。我们最初学的语言读本,不管是汉语的,还是英语的,这些教材提供的字、词、句子等都是最简单最实用的。随着学习的深入,许多使用频率较低的词汇和句子也逐渐进入我们的教材中,这时我们可能总是产生这样的感觉,学习的时候已经记住,然而过了一段时间又忘记了,这正是因为这些词汇或者句法结构边际效用低,使用频率低,因此并不是由于我们太"笨"而造成的。

边际效用递减率首先应该体现在教材的编纂中,教材编纂不应是无序的,而应将单词和句法结构的使用频率通过语料库等手段,测定使用频率的高低。人们使用频率越高,也即效用越高,则应该放在教学前段;使用频率低,效用越低,则应该放到后面。对于个人的语言学习来说,了解了边际效用递减率,就不要因为新学的词汇或者句法结构总是掌握不好而苦恼,学习总是循序渐进的,可以利用反复记忆、情景记忆等方法,达到掌握新语言知识的目的。

曼昆(2015)提到了政治哲学中的"功利主义",其出发点是"效用"(utility)。其中指出,"一个穷人1美元的额外收入给其所带来的额外效用大于富人1美元的额外收入带来的效用",并引申得出政府可以通过调节以使整个社会的效用最大化,其中所基于的标准为富人1美元的边际效用要低于穷人1美元的边际效用。这一点我们可以把它引申到对慕课(MOOC)平台的探讨,目前我们国家对于慕课的建设十分支持,这其实也是资源调节的一个过程,在一些优质的学校中，教师授课内容极为丰富，学术含量极高，但是学生本身也已经非常优秀，再进行学习只不过是锦上添花的过程，边际效用并不高，而对于教育相对落后的地区或学校的学生来说，其边际效用远大于教育较强的地区或学校，这种大规模在线开放课程的建设，在一定程度上使整个社会教育资源起到了效用最大化的作用。

第四节 坚持每天记住 10 个单词，其效益大于你的想象

在语言学习中，我们常说每天记住多少个单词，积少成多，最终对一门语言的掌握才较为透彻。这其实像在银行存款一样，固定日期去存钱，且有一定的利息，久而久之，是一笔不小的收入。下面我们对这个问题用数学模型进行一个探讨。

假设语言学习者每天坚持学习，且学习单词 t 天，那么语言学习者的收益可以用这个方程来表示：

$$U(t) = u_1 + u_2 + \cdots + u_t \tag{1.1}$$

假设学习者每天记住 10 个词汇，似乎 t 天就是记住 10t 个词汇，但是事实效果可能大于你的努力，举例来说，当我们只认识某一个句子里的一个单词时，那么只知道单词的意思，几乎不可能知道这个句子的意思，只有对这个句子中的词汇认识越多，对这个句子的理解才越透彻。同理，单词掌握越多，对一篇文章的理解程度也会呈现递增的趋势。假设学习者第一天掌握了 10 个单词，第二天也掌握了 10 个单词，实际上第二天的学习效果是递增的，因为第二天掌握的单词和第一天掌握的单词融合，可以理解或者写出更多的句子，因此第二天的收益可以用 $10(1+r)$ 来表示（r>0）。同理，第三天，语言学习者的收益为 $10(1+r)^2$，第四天的收益为 $10(1+r)^3$，第五天的收益为 $10(1+r)^4$，等等。因此前面的收益方程就可以写成：

$$U(t) = 10 + 10(1+r) + 10(1+r)^2 + \cdots + 10(1+r)^{t-1} \qquad (1.2)$$

其求和为：

$$U(t) = \frac{10(1+r)^{t-1} - 10}{r} \qquad (1.3)$$

从这个公式看出，学习者掌握的语言知识与时间呈现指数性质的正相关关系，也就是说，学习者坚持每天学习 10 个单词，在学习 t 天后，其掌握的语言知识是呈现指数式增长的，其效益大于你自己的想象。当然，从前面的公式也可以看出，学习者可以增加每天掌握单词的基数，如每天 20 个、30 个等，根据时间的变化，掌握的知识增加量更大，这一点就要根据学习者自己的记忆情况适量而定了。

第五节　从网络外部性看个人外语学习与语言推广

笔者在博士学习期间曾尝试借助网络外部性的概念，建立了简易数学模型来分析个人的外语学习和语言推广的问题，后经提示发现该模型也可用来分析某类外语考试对于语言学习的影响，因此利用此模型对外语测试也做了一些分析（马应心、李龙，2019）。在这里笔者回归最初的想法，从个人外语学习和语言推广角度对该模型再进行简要介绍。

世界上有许多国家都非常重视向世界推广自己的语言。张西平、柳若梅（2008）对世界主要国家的语言推广政策进行了较为全面的调查，其书对英国、美国、西班牙、法国、德国、俄罗斯、日本和韩国的推广机构、语言政策做了较为详尽的评述。吴坚（2013）也以语言推广战略为主题，对世界上语言推广较为成功的国家进行了研究，对我国的语言推广有着重要的借鉴意义。既然许多国家极力推广自己的语言，这其中一定就有某些利益所在。作为文化的载体，一个国家语言的传播也是一种软实力的体现，这也是许多国家推广自己语言的一个重要原因。关于"软实力"的各个方面,虽然已有较多的论述,但是本节的内容有所不同,本节主要是通过数学建模,运用网络外部性原理试析"软实力"中的语言文化传播是怎样形成极大的影响的。

"网络外部性"最早是由 Rohlfs(1974)提出的,简单来说,即利益随着系统中参与者数量的增加而增加。例如,当前人们使用的某类即时聊天软件,使用这类软件的人越多,那么新用户也会使用这类软件。又如,某类电子游戏,参与者越多,越会吸引新的参与者等。与之类似的,语言也是这样一种产品。当个人选择学习外语时,一个很重要的因素就是考虑使用这种语言的人口数量,其使用人口多,学习者也多;其使用人口少,学习者也少。因此,在语言竞争中,某种语言为了取得自己的优势,需要尽力推广自己的语言,增加参与者数量。其实在我国国内,普通话、简体字推广取得巨大的成功,与"网络外部性"这个原理是非常契合的。当然,这可能也造成了某些民族语言或者方言的逐步消失,是语言文化的损失,但是在方便人们沟通、加强民族团结、促进经济发展的角度上,其作用是毋庸置疑的。这其实还牵涉一个语言竞争的问题。

关于语言竞争,有学者更为全面和更有深度地提出了自己的看法。戴庆厦(2006)认为语言竞争虽然是语言演变的自然法则,但是可以通过国家的语言政策和语言规划来协调,实现语言和谐。李宇明(2016)认为,语言接触必然产生语言竞争,并且从"结构空间""功能空间""年龄空间"和"地理空间"四个角度详细探讨了语言的竞争问题。泽尔腾等(Selten et al.,1991)建立数学模型研究了外语学习的均衡情况,这其实也是语言竞争的一种状态。

本节所研究的语言推广问题,实质上探讨的也是语言竞争的情况,因为官方的语言推广,正是国家软实力的一种体现,同其他语言必然形成竞争的态势。为了解释这个问题,我们首先从个人的外语学习角度入手,分析个人语言学习的最佳策略;其次,再从官方语言投资角度,分析怎样推广自己的语言才能吸引到更多数量的个人的语言学习，其投资到什么节点才会有真正的收益，并探讨了其收益的发展方向；最后尝试建立了个人外语学习和官方语言推广的模型，在解释个人的外语学习策略以及国家的语言推广策略的基础上也提出了一些建议。

一、个人的外语学习选择

官方的语言推广再强势，最终还要归到个人的语言学习选择上。因此，本节追根溯源，从个人学习外语的角度入手，探索这个问题。正如张卫国（2011）提到的，在语言经济学这个跨学科发展过程中，人力资本理论起到了非常关键的作用，语言学习作为一种资本投资一定有其成本及收益。因此，本节在此理论基础上，考虑到一些常用因素，尝试建立了一个简约的模型，来探讨个人语言学习的最佳策略。

这里首先建立的个人外语学习模型是为后面国家语言的推广模型服务的，用该模型来分析个人进行外语学习投资的经济收益。在社会中，作为个人，为了获得某一个工作，需要学习一种或者多种语言，可能掌握的语言越多越好。这里我们假定每个人有选择学习任何语言的权利，也有权选择自己所学语言的数量。我们可以假设个人由于掌握了某一种语言可以获得某一项工作（如从事翻译工作）的收益为 u，而学习一门语言付出的成本为 c，个人的总收益为 U_p，我们可以设立这样一个模型：

$$U_p(n) = (u_1 - c_1) + (u_2 - c_2) + \cdots + (u_n - c_n) \tag{1.4}$$

为了模型的易于操作，需要说明的是，我们在这里假设收益 u 是相等的，即 $u_1 = u_2 = \cdots = u_n$，这是因为，在一个国家大致相同的经济条件下，某一项工作所获得的收入基本是一致的。然而付出的成本却未必这样，正如大家能够亲身体会的那样，当学习第一门外语时，由于学校设置了该课程，因此可能费用较少，当学习第二门外语时，可能需要去上外面的补习班，需要花费更多的金钱以及精力，也占用了自己大量的业余时间。因此，这里 c 应该是递增的，作为数学模型，我们假设这里的递增程度是一个等比数列，且增加的几何级数为 $\alpha(\alpha>1)$。由此，方程式（1.4）可以化简为：

$$U_p(n) = nu - \frac{c_1\alpha^n - c_1}{\alpha - 1} \quad (1.5)$$

我们对其进行微分运算，其一阶条件为：

$$\frac{\Delta U_p}{\Delta n} = u - \frac{nc\alpha^{n-1}}{\alpha - 1} \quad (1.6)$$

二阶条件为：

$$\frac{\Delta^2 U_p}{\Delta n^2} = -\frac{n(n-1)c\alpha^{n-2}}{\alpha - 1} \quad (1.7)$$

观察发现，其一阶条件可以为 0，二阶条件小于 $0(n \geq 2)$，因此，该方程存在一个最大值，也就是说，个人的语言学习为了获取最大的利益，学习外语的数量是有限的。

推论1.1：作为语言学习者，其学习外语的数量并非越多越好，而是根据自身的情况，有一个最高节点，在此节点上，语言学习者获得最大的收益。

也就是说，一个人并不是学习越多的语言就越好，而是在某一点上会达到最大值，因此，作为"理性人"，应该根据自身的情况决定选择几门语言进行学习，在所选择的语言数量在 $n^*\left(u - \frac{nc\alpha^{n-1}}{\alpha - 1} = 0\right)$ 的位置时，达到自己的最佳收益。

二、官方语言推广的投资及收益

毋庸置疑，当官方对语言进行推广时，可以降低个人学习某类外语的成本，这类成本主要是资金成本。因此，许多国家在语言推广时，经常会采用奖学金政策，如前面提到的许多国家的语言推广机构采用的方式。我国在这方面也设立了如中国政府奖学金项目、孔子学院奖学金项目等。

因此,在分析了关于个人语言学习的收益情况后,下面我们来分析一个国家的语言推广收益。分析国家语言推广收益时,我们需要了解网络外部性原理,即前面提到的,学习某一种语言的人越多,其收益越高。关于成本,官方可以给予个人奖学金,使之减少学习一门新语言的费用,从而提高某种语言使用者的人口基数,提升网络效应,增强自身语言的竞争力。

在模型设立时,假设官方给予个人的奖学金费用是一致的,可以列出下面的收益方程:

$$U_c(m) = (u_1 - c_1) + (u_2 - c_2) + \cdots + (u_m - c_m) \quad (1.8)$$

其中,m 是给予 m 个学生学习该语言的奖学金,奖学金的支出也就是费用 c,给予每个学生的奖学金是相同的,在实际生活中,如孔子学院等机构,给予任何国家学生的奖学金基本是一致的,所以这里的 $c = c_1 = c_2 = \cdots = c_m$,而由于网络外部性原理,学习该语言的人越多,其效益就越高,因此,对于某一国家来说,收益 u_1、u_2、$\cdots$、u_n 是递增的,我们也可以将其假设为等比数列,其比为 $\beta(\beta > 1)$。因此,我们也可以将方程式(1.8)整理为:

$$U_c(m) = \frac{u_1 \beta^m - u_1}{\beta - 1} - mc \quad (1.9)$$

该方程的一阶条件为:

$$\frac{\Delta U_c}{\Delta m} = \frac{m u_1 \beta^{m-1}}{\beta - 1} - c \quad (1.10)$$

二阶条件为:

$$\frac{\Delta^2 U_m}{\Delta m^2} = \frac{m(m-1) u_1 \beta^{m-2}}{\beta - 1} \quad (1.11)$$

可以观察出,该方程的二阶条件大于 0,因此,该方程存在最小值,却不存在最大值。

推论 1.2:根据语言的网络外部性效应,官方进行语言推广时,在初始阶段,是存在损失的,且存在损失的极值。随着语言推广的进行，在到达某一点后，投资与收益才持平，其后投资的收益会得到迅速增加。

因此，一个国家为了使自己的语言更有竞争力，随着时间的推移，投资越多回报越多，如果投资很少，可能还不如不投资，当投资的人数超过某点 $m^*\left(\dfrac{u_1\beta^m - u_1}{\beta - 1} - mc = 0 \text{ 且 } u_1 \neq 0\right)$ 时，从网络外部性原理看，才达到收支平衡的情况，其后影响力会增速上升。因此，我们可以理解为什么各个资本较为雄厚的国家对自己的语言推广都不遗余力，如法语联盟、塞万提斯学院、歌德学院、世宗学堂等，中国的孔子学院随着中国经济实力的增强，也有了较快的发展。国家官方的投资是提高语言竞争力的一个手段。

三、从网络外部性原理谈语言竞争

笔者拙见，在语言学习中有个悖论，即人们都去学习某种语言时，该语言母语者就不愿意学习其他的语言，反之，则学习其他的语言。例如，当中国人的英语水平提高时，生活在中国的外国人学习汉语的欲望就会变小，因为用英语即可交流。而若中国人的英语水平较低，那么来华的外国人就有了学习汉语的欲望。这一点从网络外部性也可以得到解释，正是因为中国人学习了英语，提升了其交际人口基数，使英语的交际价值提高，外国人认为学不学汉语也没关系，甚至这样使更多的中国人（包括年纪极大的老年人）也想说一两句英语。在网络用语或流行语中夹杂英语的情况也比比皆是，如"你 out 了""hold 不住"等，这都是基于大多数人对英语了解的基础上出现的新造词，若是大部分人对"out"或"hold"之类的词根本不了解，这类词汇也很难流行起来。因此，在这里谈及的语言竞争，似乎有些违背大众观点，即为了增强汉语的竞争力，不要去学习外语。

基于网络外部性的原理，也可以探讨方言及少数民族语言的消亡及保护问题。其实随着国家对普通话的推广，使用普通话的人口越来越多，因此增加了普通话的网络效应，使用方言的人们为了获取更大的交际价值，就会主动学习普通话，因此，随着社会的发展，方言的消失似乎是必然的。很多少数民族聚居地区都会让自己的孩子去读汉语学校，这也是语言竞争的一个必然结果。民族语言专家孙宏开（2012）曾提出拯救民族语言的想法，保护语言的多样性状态，想法是非常好的，但最终这些民族语言很可能只是存在于书面文献或者某种媒介中，作为口语形态的民族语言，似乎是很难拯救的，满语的消亡就是一个很好的例子。若是想保护某种民族语言，需要说这些民族语言的人口维持在一定基数，且与其他民族交流较为闭塞的情况下才能够实现，这看起来是不太容易的，在第七章中笔者也尝试了运用博弈模型做出进一步的分析。

对于民族语言竞争，李宇明（2016）认为，"当前中国语言竞争的热点在教育，教育是语言矛盾最突出的领域。其次是大众传媒，再次是家庭"。这正是反映了网络外部性从强到弱的一个表现，教育是覆盖面最广的，其次是传媒，最后才是家庭。对于国家之间语言的竞争，就我国来说即汉语的推广问题，王海兰、宁继鸣（2014）的观点也印证了本节的模型，他们提到"加快汉语国际传播，需要提升汉语的交际价值，扩大汉语在国际交往中的使用范围和频率"，这与本节所建立的模型是不谋而合的。本节从数学建模上对两位学者的观点给予了印证。

四、结论

本节从个人的语言学习和官方对于个人语言学习的投资角度建立模型，尝试探讨了语言推广和语言竞争的问题。当然，本节所建立的模型还较为简约，但是从形式上可以对语言学习和语言竞争的情况做出一个清晰的了解。在语言竞争中，若仅仅强调文化输出，可能会受到其他国家的心理排斥和抵制，而若从个人角度出发，官方的投资针对的是个人的外语学习选择问题,那么这种抵制就会小得多。因为官方的投资是针对有外语学习需求的个人,减少了他们的学习成本,也增加了其学习外语的收益,因此,从经济学的角度看,两者是互赢的。

当然,在语言推广的过程中也应量力、适度可控而行,外国人来华也可能引起许多的问题,如吕途等(2014)分析了来华留学生的违法犯罪问题。若语言文化推广吸引来的外国人由于素质较低,对社会安全造成了影响,这不但减少了效益,甚至对国家有许多隐患,这就有些得不偿失了。

第二章 语言教学者的偏好

第一节 语言教学者的偏好

一个人的收入是有限的,因此当他想买很多类物品时,会有一个预算的约束,而不同的选择组合也会形成一个无差异曲线,这个无差异曲线在经济学往往表示消费者的偏好。我们将其运用到语言教学中,教师可根据相应情况做出最优的选择。

在课堂教学中,我们把课堂的时间当成金钱,时间是有限的,教师只能在规定的时间内进行发挥,教授课程内容,有的老师喜欢讲授词汇,有的老师喜欢讲授语法,有的老师喜欢讲授文化等,在规定时间内完成这些教学任务,存在着教师的一个预算约束线。我们以100分钟的一堂课为例,进行说明(见表2.1)。

表 2.1　　　　　　教师授课预算约束

讲授词汇数量（个）	讲授语法数量（个）	讲授词汇时长（分钟）	讲授语法时长（分钟）	课堂时长（分钟）
100	0	100	0	100
90	1	90	10	100
80	2	80	20	100
70	3	70	30	100
60	4	60	40	100

续表

讲授词汇数量（个）	讲授语法数量（个）	讲授词汇时长（分钟）	讲授语法时长（分钟）	课堂时长（分钟）
50	5	50	50	100
40	6	40	60	100
30	7	30	70	100
20	8	20	80	100
10	9	10	90	100
0	10	0	100	100

在这个语言课堂授课过程中，假设教师打算讲两部分的内容，一部分是词汇，另一部分是语法，然而课堂总时长是有限的，即100分钟。可以拿出来90分钟讲90个词汇，10分钟讲一个语法，也可以拿出80分钟来讲80个词汇，20分钟讲两个语法，等等，以此类推。教师所认为的重点不一样，讲授的内容也有所不同，但是，不管怎样讲授，其时间是固定的，图2.1中的斜线就是教师授课的预算约束线，在规定的时间内，讲授内容是不会超过预算线的，因此，教师要在这个预算约束线上选择适合自己的点，如教师认为本堂课单词最重要，那么他可能就会选择A点；如教师认为本堂课语法最重要，那

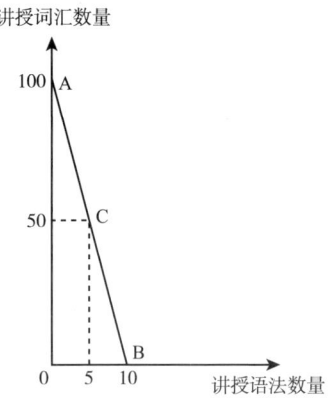

图2.1　教师授课预算线

么他可能就会选择 B 点；如果教师觉得应该讲一半词汇，再讲一半语法，那么他就会选择 C 点。不同的教师偏好不同，或者说根据学生水平的差异所选择的偏好也可能不同，那么教师们就会采取不同的方案。下面我们就具体来分析教师的偏好。

经济学中为了讨论的方便，常常假设只有两种物品，用经济学的术语来说就是商品束，可以用（x_1，x_2）表示。我们在前面提到的教师选取的教学策略，就是一类商品束，如（90，1）、（80，2）、（70，3）等。而选择了商品束的效用也是不同的，我们可以用 U(x_1，x_2) 来表示，经济学上通常把效用值用无差异曲线描绘在空间里（见图 2.2）。

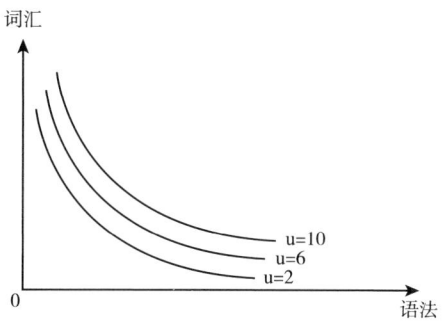

图 2.2　教师授课效用无差异曲线

在同样一条无差异曲线上的各个点，效用都是一样的。当然，"理性人"都会认为效用越大越好。无差异曲线有这样几个特征（曼昆，2015）：消费者对较高无差异曲线的偏好大于较低无差异曲线；无差异曲线向右下方倾斜；无差异曲线不相交；无差异曲线凸向原点。作为语言学的教师来说，他的偏好当然会倾向于效用较高的无差异曲线，课堂效用为 10 的话，教学者就不会倾向效用为 6，更不会倾向于效用为 2。通常来说，教师对于某一种语言技能的教学都认为是有用的，不管是语法还是词汇，如果讲授更多的语法，那么相应就要减少词汇的讲授数量，因此，无差异曲线是向右下方倾斜的，其斜率其实是一种知识替代另一种知识的比率。u = 10 和 u = 6 以及 u = 2

的无差异曲线体现的是较多两种知识的效用与较少两种知识的效用的差异,所以其是不相交的。无差异曲线凸向原点的原因是:通常人们不愿意放弃自己较少的东西,如语言课堂上讲授的语法本来就少,如果再少讲,显得课堂极为单调和不充实;反之,对于较多的东西可能就更愿意放弃一些,如讲授词汇过多,那么可以放弃一些讲词汇的时间用来讲语法,这就体现到无差异曲线的斜率上。

以图 2.3 举例来说,在 A 点时,教师讲授过多的词汇,而讲授较少的语法,这时教师愿意多放弃一些讲词汇的时间来讲语法;在 C 点时,教师讲授过多的语法而讲授较少的词汇,此时教师愿意多放弃一些讲语法的时间来多讲一些词汇,因此其边际替代率(marginal rate of substitution,MRS)是不一样的,因此从 A 点到 B 点再到 C 点,形成了一个凸向原点的曲线。

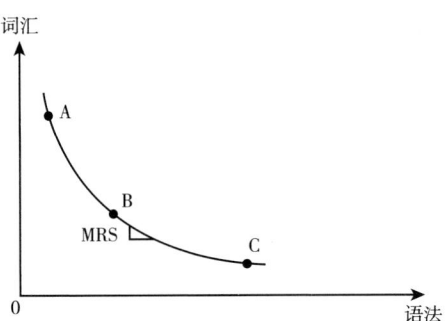

图 2.3　教师授课效用无差异曲线的斜率

我们在前面既讲到了教师的授课预算线,也讲到了效用的无差异曲线,理论上无差异曲线是一个空间无限的曲线,我们为了表示的方便只用三条线来举例,了解了无差异曲线和预算线以后,我们就可以讨论课堂授课收益的最大化问题了,一名教师想使语言课堂的收益最大化,应选择预算线与无差异曲线相切的点,如图 2.4 中的 D 点,这时整个课堂的效用才达到最大化。当然选择 E 点效用更大,但是时间有限,这一点是不可企及的。而选择 F 点虽然可以实现,但是课堂的时间并未得到充分利用,其效用是低的。

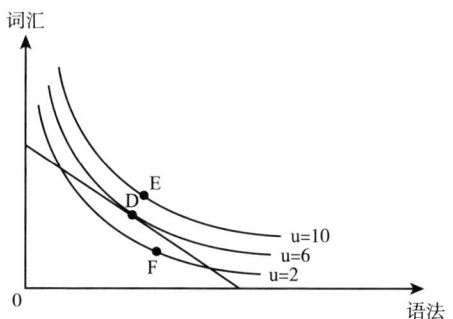

图 2.4　教师授课效用无差异曲线的比较

当然，这个 D 点是可以求解的，下面我们来说明怎样求解这个 D 点。求解 D 点关键是找出预算线和无差异曲线的函数公式，对于预算线来讲，前面我们提到其商品束为（x_1，x_2），假设 p_1 和 p_2 是讲授两种内容各自所用的时间成本，Y 为课堂固定时间，那么其函数公式就可以表达为 $p_1x_1 + p_2x_2 = Y$。效用无差异曲线情况稍微复杂，我们这里举一个简单的例子，词汇和语法共同讲解，对学生运用语言知识有很好的效果，因此，我们可以假设这个效用为 kx_1x_2，k 是一个常数，课堂的总效用为 U，也可以理解为教师在进行一堂课授课时所设立的教学目标，函数公式可以表达为 $U = kx_1x_2$。此时将预算线的方程式与无差异曲线的方程式联立求解就可以了，其唯一的解即课堂效用最大化的点。这里注意 x_1 与 x_2 都是大于 0 的。

第二节　经济学思想下产出导向法的思考

在第二语言教学中，存在着各种各类的教学法，如"语法翻译法""交际教学法"和"任务教学法"等，不同的教学者有不同的偏好，而新近兴起的"产出导向法"教学方式，从经济学角度来看，似乎更为科学和有效，这里我们对产出导向法的"成本"和"收益"进行简要分析。一种教学方法比另一种教学方法更有优势，更能得到学界的认同，往往是这种教学方法取得了比其他教学法更大的"收益"，而产出导向法似乎体现了教学者教学偏好与学生有效学习间的有机结合。

产出导向法，也称 POA（Production-oriented Approach）教学法，由文秋芳教授在前期相关研究成果基础上于 2015 年正式提出（文秋芳，2015），得到了诸多教学专家及一线教学教师的认同。本节从语言经济学的视角，对产出导向法做一个分析，以期对产出导向法的优势做出新角度的说明，另外，尝试说明在哪些方面依旧具有可改进之处。

将产出导向法的"产出"比作"收益"，将其中的"输入"等因素比作"成本"，借助"效率"的概念，从而可对该教学法做出经济学视角的分析。同理，可通过经济学的视角对"产出导向法"和其他类型的教学法进行比较，如"任务教学法""交际教学法"等。产出导向法的目的是高产出，而成本是大还是小，是否符合效益最大化原理，如果符合，推广起来就会很轻松；若不符合，则推广起来十分复杂，抗力因素较大。

一、产出导向法教学理念、假设和流程的经济学思想探析

产出导向法的教学理念"学习中心说""学用一体说"和"全人教育说"提出了新的育人观点。这三点极为成功的一个因素为经济学中"效率"的概念。所谓"效率"，是对资源有效利用的程度。"学习中心说"批判了"教师中心说"和"学生中心说"两种理念，之所以"教师中心说"的理念饱受诟病，正是因为"满堂灌"的效率低，学生学习积极性不高，而矫枉过正的"学生中心说"走向另一个极端，而产出导向法的"学习中心说"真正体现了教学的目标所在，任何时候"学习效率"都是最值得重视的。"学用一体说"直接体现了"成本"与"收益"的关系，"学"指听和读的输入，

"用"指的是说、写和口笔译的产出。"全人教育说"则体现了育人的最优化,因此"学用一体说""全人教育说"从经济学视角来看是比较科学的。

产出导向法教学假设包括"输出驱动""输入促成""选择学习"和"以评促学"四个方面。"输出驱动"注重"产量"的效益,学生对学习会更为认真;"输入促成"则是加工成品的"原材料",没有原材料则很难形成产品;优质的原材料也往往会形成优质的产品,因此就出现了"选择性学习假设";"以评促学"保证了学习的质量。

产出导向法教学流程包括"驱动""促成"和"评价"三个方面。教学流程类似工厂的生产过程,教学流程的三个阶段为更好地育人提供了教学模式,而育人的成功与教师的因素有很大关系,生手与熟手存在一定的差异,因此,在产出教学法的教学流程需要对教师进行适当的培训,才可使该教学法达到最佳的收益。

产出教学法基本体现了学生学习和教师教学间的"供给需求"情况,体现了"成本收益"的优化,最大限度地实现了"效率公平",因此也取得较大的成功。当然,在教学实践中依旧可发现一些值得改进的地方,需要我们不断探索。

二、基于产出导向法的大学英语四级听力有效预读三原则实践

大学英语四级考试是教育部考试中心实施的大规模标准化考试,可对学生的英语能力进行客观的考量。一般来讲,语言能力分为听、说、读、写四个技能,即使是像雅思和托福等国际化的考试,也主要是考查这几个技能,其中"听"技能往往是放在考查的第一部分。

而由于我们未在母语环境中学习英语,大多数学生通常的听力练习只是通过考试前的练习,少量学生可能会通过美剧、英文电影等方式进行练习,而后者的练习对于考试虽有一定的积极影响,但由于性

价比较低，因此考前练习是主要的听力提升手段。而在大学英语四级听力考试过程中，由于事先并不知道题干内容，考生仅凭给予的四个选项和听力考试时播放的内容去做题，难度很大，许多学生对于这个问题感到十分苦恼。这主要是因为大学英语四级考试与学生之前的高考英语考试不同，李冀、蔡基刚（2012）曾对两者的区别做过详细的说明。听力部分近些年又进行了改革，但改革后的四级考试不管是内容还是形式方面依旧与高考差异较大，这也是学生对此题具有畏难情绪的原因之一。

目前四级听力考查的方面主要有三个部分：新闻听力、长对话和短文听力。分数占到总分的35%。因此，提升学生在听力方面分析问题与解决问题的能力就显得尤为重要。学生在四级听力复习中常常提出的一个难点为：由于与高考英语不同，四个选项前看不到具体的问题，因此非常不适应。本节所描述的"有效预读三原则"主要是针对这个难点提出的。

"有效预读三原则"指的是"纵向看大意""横向看关系"和"区别正副关键词"这三个方面。在课堂教学过程中借鉴了产出导向法教学理论，虽然产出导向法的"产出"主要是针对说、写与口笔译的产出，但是通过产出导向法指导下的课堂实践，学生在听力方面理解与解决问题的能力即"听力产出"提升明显，满足了需求侧的听力提升要求。

（一）"有效预读三原则"的具体内容与使用

由于大学英语四级听力只给出问题的选项，因此我们只能根据这些选项内容进行预读，且预读时进行文章的提前解码。三原则分别为：纵向看大意；横向看关系；区别正副关键词。这三个原则主要是为了提前解码做准备。我们以2019年12月的短文听力题为例进行说明。

第一，纵向看大意。这里我们以第16小题为例进行说明，原题如下。

16. A) They have greater potential to be leaders.

   B) They are more likely to become engineers.

   C) They are more likely to succeed in the humanities.

   D) They have a stronger sense of social responsibility.

所谓"纵向",指的是将四个选项的主语、谓语和宾语等成分进行纵向比较。如前面的第 16 小题,四个选项的主语部分均为"They",由此可以推测文章是关于"一些人"的讨论,再看宾语(或句尾)部分,分别为"leaders""engineers"和"a stronger sense of social responsibility"等内容,均为社会较为认可的工作或活动,由此可推测这是"某些人"的"优点"或者"成功之处"。谓语部分"great potential"和"be more likely to do"等内容,显示了"某些人"可能具有的潜力。通过纵向的对比,可推测出此题大致是问"哪些人更具备哪方面的潜力或优势"的问题。

第二,横向看关系。我们接着来看第 17 小题。

17. A) Praise girls who like to speak up frequently.

   B) Insist that boys and girls work together more.

   C) Respond more positively to boys' comments.

   D) Encourage girls to solve problems on their own.

我们把"关系"分为"一者关系"与"二者关系",这里的"一者关系"指的是仅有一类人物出现,而"二者关系"则有两类人物出现,且他们具有某种关联。在第 16 小题中,只出现了"they"一类人物,因此可以认定为"一者关系"。而在第 17 小题的四个选项中,我们发现与第 16 小题有很大的不同。我们从横向来看,选项 A"表扬喜欢经常说话的女孩",很明显这里省略了一个主语,应该是"(某人)表扬……",这里出现了两类人物:一是省略的作为施事的人物,二是受事的人物。后面的选项同理推得都为"二者关系",并且从纵向推断应该为"老师"对学生的"表扬""回答"和

"鼓励"等。推出此题应是回答"老师"对于"学生"的做法。了解"关系",不仅对于推测所问的问题,而且对于在听文章过程中线索的把握也有积极作用,由于考题大多是按顺序给出,在第 16 小题时,还仅仅是"某类人"的优点,而如果原文开始出现两类人物的关系时,此时听力原文已经读到了第 17 小题。

第三,区别正副关键词。"正关键词",也就是我们常说的关键词,往往是实义名词、实义形容词或者动词,包括原文复现的、同义的和近义的词汇。而"副关键词",指的则是那些并不是那么具有"实义",经常伴随介词成分,在选项中具有联结作用,且常常在选项中不止出现一次,例如,第 16 小题中的"more likely to",副关键词在听力原文中往往会以原词复现的方式读出,对于解题有着十分重要的线索作用。

了解了这"有效三原则",在考前预读的过程中充分了解到选项的特点及可能所问的问题,并且在听的过程中感受到文章的线索和进程,对于提高做题正确率、提升听力能力有着很强的操作性。当然,这也需要平时在课堂中多加练习,结合"产出导向法",不但可促进听力语言能力的提升,也可培养出一些其他的学习能力,在下一节我们来说明。

(二) 产出导向法与听力教学

前面提到,产出导向法的"产出"主要是针对说、写与口笔译的产出,但是如果在听力课堂中精心设计,也可得到相应的"产出",这里的产出指"能理解""能答题",其实也是在大脑里"翻译"的过程,与产出导向法通常的"产出"并不矛盾。通过产出导向法指导下的课堂实践,学生在听力方面分析与解决问题的能力即"听力产出"提升还是很可观的。

产出导向法分为"教学理念""教学假设"和"教学流程"三部分(文秋芳,2015),"教学理念"是后面两个部分的指导思想,

"教学假设"是课堂教学环节的理论依据,"教学流程"是实现教学目标的步骤和手段(文秋芳,2017)。在听力教学过程中,也基本遵循这样一个流程。

"教学理念"中的"学习中心说",指的是以学习为中心,听力教学中也不用区分是"以学生为中心"还是"以教师为主导",以实际的听力学习为中心,更容易达成教学目标,更容易提升课堂效率。"学用一体说"的"学"指输入性学习,包括听和读;"用"指的是产出,包括说、写与口笔译(文秋芳,2015)。听力教学中,灵活性的"产出",对要说和要答的内容进行猜测,而在具体的"输入"(听)中获取信息,达到"产出"(翻译、答题)的能力,本章"有效预读三原则"正是体现了产出导向法中的"一切与运用相连",培养学生真正解决问题的能力。"全人教育说",教师认真选择听力话题,也可实现学生的智力、情感与道德的综合教育,且大学英语四级考试作为一门规范性的全国性考试,其本身听力内容的选择也已经十分科学。

在"教学假设"中,提到"输出驱动假设"其实为学生提供了"知不足""知困"的机会(文秋芳,2017)。在听力教学中,应让学生了解到自己的不足,这种不足可以体现在微技能方面,可以是文章的体裁方面。对于四级考试来讲,学生的不足也可能是词汇,可能是篇章。注意到这些问题,提供促成"产出"的恰当输入,与学生之前的学习方法进行比较,学生可明显认识到自己的"促成"效果。"选择性学习假设"在听力教学中的反映往往是材料,如不同体裁的文章、不同的题型等。对于大学英语四级考试而言,进行有针对性的选择,如新闻体裁、长对话体裁,可提升学生学习的积极性。

产出导向法的教学流程分为三个阶段:驱动、促成和评价。文秋芳(2017)修正了自己(文秋芳,2015)关于教师在其中起的作用,从"中介"修正为"主导"。在听力教学中,教师对于教学目标和产出任务的说明十分重要,通过对学生给予指导,尤其是微技能方面,同时选择合适的体裁文章进行选择性学习，教师指导并检查，最后教师对学生的学习效果进行评价，学生同时可自我评价。例如，针对我们在前面提出的"有效预读三原则"和以往的盲目性的预读有哪些不同，效果是否有区别等。通过"驱动、促成、评价"三个环节，从而逐渐锻炼出学生解决听力问题时的产出能力。

（三）效果探讨与总结

基于产出导向法的教学流程，针对大学英语四级考试的听力部分的难点，运用"有效预读三原则"，尝试了进行听力教学活动。学生认为比以往盲目预读时效率更高，认为最有效的是"横向看关系"，其次是"区分正副关键词"，甚至认为这三个原则也可以用到阅读题的解题中。关于听力技巧的研究有很多，也有借助产出导向法的实验教学（张伶俐2017），本小节主要是在四级听力预读及提取信息方面，借助产出导向的教学方法，对学生进行目的明确、线索可寻的听力难点问题的解决过程。但是，听力水平的提高并非仅仅靠预读，这里的教学过程也并未包括其他的听力能力，如语音的练习等，还需要在课堂中丰富教学内容，不断改进教学方式，结合文秋芳（2020）提到的最新研究成果，继续提升学生的英语听力水平。

第三章 语言经济学与英语教育结合研究述评

第一节 关于"语言经济学"的一个简要介绍

"语言经济学"是一门新兴的交叉学科,自马尔沙克(Marschak,1965)最早提出"Economics of Language(语言的经济学)"一词以来,关于这一门跨学科的研究时间不长,国内学者将其引入我国才20年左右的时间,如许其潮(1999)、汪丁丁(2001)等,并且也有学者做出了突出的研究成果,如黄少安、张卫国、苏剑(2017),张卫国(2016)等,对语言经济学做出了较为系统的论述。另外,针对这一时期的研究成果,Grin(1990,1996)、Zhang 和 Grenier(2013)等曾从不同的角度做了比较详细的综述。总体来说,研究一方面集中于经济学方面的思考,另一方面集中于语言学方面的思考。

所谓从经济学方面进行思考,像传统的经济学一样,主要是考虑语言会带来什么样的经济利益。例如,从微观经济学的角度来说,语言会给个人在劳动收入上带来哪些经济或社会地位上的好处或缺点(如 Pendakur & Ravi,2002;Gao & Smyth,2011;Azam,Chin & Prakash,2013);又如,从宏观经济学角度来说,制定某些语言规划或语言政策会有哪些成本,会给国家社会带来哪些经济上的利益等(Coche & Vaillancourt,2009;Lee,2012)。经济学的好处也可以从不同的方面来衡量，前面提到的是直接的金钱利益，有的则是沟通的利益（Selten & Pool，1991），即使用某种语言的人越多，那么掌握这种语言就越有优势。当今社会英语成为比较通用的语言，一方面有经济的原因，另一方面也是因为使用的国家较多，沟通性更强。

所谓语言学方面的思考，是指在语言学与经济学的研究中，也有很多人用经济学的方法来研究语言学。例如，Rubinstein（1996，2000）从"指示亲和性（Indication – friendliness）、信息蕴含性（Informativeness）、描述简易性（Ease of describability）"三个方面从经济学角度论述了语义的产生。也有学者用经济学的方法（主要是博弈论的方法）来研究语用学，如 Benz，Jager 和 Van Rooij（2006）合编的"*Game theory and Pragmatics*"以及 Glazer 和 Rubinstein（2001）的研究等，是语用学研究的一个新的方向。这些研究不仅对语言学的研究有贡献，同时在经济学理论上也有一定的进展。

自"语言经济学"引入中国以来，语言学界尤其是外语学界做出了许多有益的尝试。本章对语言经济学引入中国以来在与英语教育20年的跨学科结合研究方面做出一个详细的梳理与分析。

第二节 研究的数据来源及数据分析

外语教育始终是经济文化发展中需要重视的研究课题，而英语教育又是重中之重。为尝试解决英语教育中遇到的实际问题，学界尝试运用语言经济学的视角来研究英语教育的跨学科探讨越来越多。本章即对该跨学科研究进行评述，对其研究方向、研究方法进行分析，从而促进外语教育在跨学科研究方向的进步。

一、研究数据来源

本章借助中国知网，对其中的语言经济学与英语教育结合的论文进行了期刊范围检索,以"语言经济学"和"英语"为关键词,以"全部期刊"为条件,搜索得到相关研究论文 404 篇,文章撰写年限为 1999~2020 年,其中 CSSCI 期刊 66 篇,占发文总量的 16% 左右。

我们对这些文献进行总结,希望对我国学界中语言经济学与英语教育结合研究的发展有一个大致的了解,从而推动这一门跨学科研究更为深入,助力国家的语言建设。

二、发文量数据分析

我们借助中国知网的可视化分析,了解到国内学者自语言经济学引入我国以来的相关发文量的总体情况。语言经济学与英语教育教学相关文章的发文量在 1999~2017 年呈现不断上升的状态,并且在 2017 年达到峰值 56 篇,但是在 2018 年发文量突然下降到 14 篇,2019 年有所恢复,达到 28 篇。总体来看,这种跨学科研究还是在不断进步,但是在飞速性地做出大量研究后,在一段时期内似乎出现了研究"瓶颈"现象,因此在后面的一些年份产量有所降低。

从期刊分布来看,对于这门语言学和经济学的跨学科研究,语言学类期刊和经济学类期刊都刊发,语言学类期刊如《外语界》《外语与外语教学》《中国外语》《外语学刊》等刊物,其中《外语界》发文多达 4 篇;经济学类期刊如《制度经济学研究》《宏观经济管理》《经济学动态》等;另外,诸多综合类刊物也刊载了语言经济学与英语教育结合研究的文章,如《东岳论丛》《学术论坛》《江汉论坛》《复旦教育论坛》和《广西社会科学》等刊物,但是每种刊物发文的体量都不是很大。

三、关键词分析

通过对关键词的分析可以了解语言经济学和英语教育跨学科研究

的热点，我们来看一下当前该跨学科研究的主要方向有哪些，对于期刊文献关键词前 20 名的数据分析如表 3.1 所示。

表 3.1　　　　　　　　关键词数据分析

序号	关键词	数量	占比
1	语言经济学	274	28.63%
2	经济学视角	105	10.97%
3	商务英语	71	7.42%
4	人力资本	31	3.24%
5	商务英语教育	27	2.82%
6	商务英语专业	27	2.82%
7	商务英语教学	26	2.72%
8	区域经济发展	25	2.61%
9	外语教育	25	2.61%
10	经济学理论	24	2.51%
11	经济价值	23	2.40%
12	大学英语教学	23	2.40%
13	英语教育	22	2.30%
14	经济学	21	2.19%
15	区域经济	21	2.19%
16	经济学家	21	2.19%
17	大学英语教育	18	1.88%
18	商务英语人才	18	1.88%
19	大学英语	17	1.78%
20	经济学研究	17	1.78%

关键词"语言经济学"的数量为第一位，可见在学界"语言经济学"作为一门跨学科研究，已经基本得到了认同。另外，其他特点如下。

第一，重视商务英语研究。以表 3.1 关键词统计为例，关键词包括"商务英语""商务英语教育""商务英语专业""商务英语教学"和"商务英语人才"五个，总数达到 169，其占比仅次于跨学科关键词"语言经济学",可见学界对于商务英语与语言经济学结合研究的重视。该研究主要包括这样几个方面:商务英语学科基础、学科理论的构建(陈建平、聂利亚,2009;吕世生,2013、2015、2016;王立非、张斐瑞,2015、2016);关于商务英语人才培养(邹琳琳,2018;赵春曦,2019;陈苗苗、刘惠昱,2020);教育教学模式改革(莫再树,2008;王利梅,2019;陈莎,2020);等等。

除在商务英语教育方向多方面的渗透以外,该跨学科研究也渗透到了普通的大学英语教学方面,有从市场价值或成本收益分析角度探讨大学英语教学的影响因素的(陈苏丹,2003;张忻,2008;江桂英,2010),也有从语言经济学视角探讨大学英语教学改革的(戚田莉,2012;方宝,2013),还有学者对大学英语教学的效率做出探讨(段红鹰、娄玉娟,2010;蔡基刚,2016),等等。

第二,注重传统的语言经济学研究。"人力资本"是语言经济学跨学科研究中很受欢迎的一个话题,通常是把语言能力当成一项"人力资本",如外语能力,因此,在语言经济学与英语教育跨学科研究中,也常常借用语言经济学中这个频繁使用的概念来进行研究,例如,龙翔(2009)就认为"旅游英语学习是对人力资本生产的一项重要经济投资,旅游英语学习的好坏将直接影响学习者本人的收入和效益";孙建磊、孙旭辉(2017)以语言经济学和人力资本投资理论为依据,对语言的经济属性和语言技能资本投资的特性进行了分析,还运用调查法对新疆一部分学生进行了研究,为语言学习和人力资本理论的结合提供了实证研究数据。也有学者(刘雪琪,2017)运用人力资本理论对少数民族的英语教育进行分析,探讨了目前少数民族地区英语教育存在的诸多问题,并提出了"按需教育""适度教育""类别教育"和"创新教育"等策略,促进少数民族地区的英语教育投入和回报更平衡。这其实也可以算做语言扶贫的一项建议,语言并非仅仅是一种思维的工具、一种交流的工具,也是可以拿来进行扶贫,用来促进经济建设和发展的。程虹、刘星滟(2017)基于中国企业员工调查的一手数据，探讨了语言能力作为一种重要的人力资本在经济上带来的回报，甚至对英语综合能力、听说能力与阅读能力等英语各项能力所带来的收入提高进行了具体数据对比研究。

第三，对语言产业发展的认识。"经济价值"和"语言产业"等关键词出现多次，表明学者们从宏观角度对语言可以带来的"经济价值"有了更多的了解。汉语和英语是经济价值属性最高的两门语言，当然，随着国家之间交往的增多，许多小语种的经济价值也会随之攀升，在语言产业发展方面，如翻译、培训、信息处理和文化交流等，如符合经济学发展规律，运用好经济学理论，语言学研究也可对国民经济的发展做出相当的贡献。在语言经济学领域有许多成果的学者黄少安、苏剑、张卫国在2012年对我国的语言产业发展提供了一些建议，如重视语言经济学研究成果、重视人才、完善相应法律法规和建立数据库等（黄少安、苏剑、张卫国，2012），这对于我国语言产业的发展都有着很好的启示。

四、引用率分析

我们对与外语教育有关的高引用率作者、文献名称、来源期刊、时间还有引用频次进行了统计，如表3.2所示。

表3.2　　　　　　　　文献引用数据分析

排序	作者名	文献名称	来源期刊	时间	引用次数
1	许其潮	从语言经济学角度看我国的外语教育	外语与外语教学	1999.08	92
2	莫再树	语言经济学视角下的商务英语教育研究	外语界	2008.04	87
3	陈建平、聂利亚	从目前的研究看商务英语学科体系的构建	外语教学	2009.9	54

续表

排序	作者名	文献名称	来源期刊	时间	引用次数
4	何文贤	语言的经济属性与ESP教学模式实践探索	外语与外语教学	2006.02	44
5	王立非、张斐瑞	论"商务英语专业国家标准"的学科理论基础	中国外语	2015.01	41
6	江桂英	语言经济学视角下的中国英语教育成本—收益分析	制度经济学研究	2010.01	38
7	吕世生	商务英语学科定位的学理依据	外语界	2013.08	35
8	蔡基刚	语言经济学视角下的公共英语教学效率研究	复旦教育论坛	2016.03	29
9	马慈君	语言经济学视野下的大学英语教育	云南民族大学学报(哲学社会科学版)	2010.01	28
9	田兰	语言经济学视角下商务英语的生态位思考	外语界	2013.08	28
10	杨传鸣	语言经济学视角下的专门用途英语教育发展研究	外语学刊	2015.03	23

从文献引用前10名的数据来看,有影响力的学者较为分散。学者许其潮的引用率最高,这是因为许其潮教授不仅是最早将语言经济学引入中国的(许其潮,1999a),而且还是第一位将语言经济学与外语教育相结合研究的学者(许其潮,1999b)。另外,从文献内容来看,商务英语类文献被引用的频率最高,如莫再树(2008),陈建平、聂利亚(2009),王立非、张斐瑞(2015),吕世生(2013)和田兰(2013)等,前面我们也说过,商务英语是语言经济学与英语教育结合研究的一个重要对象,这也与商务英语这门学科内容本身有一定的关系,因为其是"商务"和"英语"的结合,在商务英语和语言经济学相结合做出深入探索的学者也往往是在商务英语学科领域

较有影响力的学者。再就是关于大学英语（或公共英语）教育教学方面（马慈君，2010）、专门用途英语教育方面学界也多有探索（杨传鸣，2015）。运用语言经济学的理念，对市场需求进行充分调查，运用经济学中"看不见的手"的优点，对英语教育做出探索，有着十分重要的意义。

不管是语言经济学引入中国的时间，还是语言经济学与英语教育教学相结合研究的时间，都是从 1999 年开始，也就是说，研究时间仅 20 年左右，因此，文献的被引频次尚且不是特别高，主要还是呈现文献越久，引用频次越高，文献越新，引用频次还较低的情况，但是相信随着研究的发展，许多反映学科前沿研究的新文献的被引数据量会有很大的提升。

另外，从引用文献来源看，主要还是核心期刊被引用率较高，普通期刊被引用率较低。但是一些普通期刊文献运用经济学的方法进行了许多前沿的讨论，文章虽较为浅显却做了有益的尝试。

第三节　从数据分析看未来展望

通过对语言经济学这门交叉学科研究的简单梳理，以及对于该跨学科与英语教育相结合研究的分析，我们看到了在外语教育教学方面的许多研究热点，如"商务英语教育"和"公共外语教育"等，也有其他需要深入讨论的研究方向，将来值得进一步探究。

第一，对研究热点的重视，由于"商务英语"学科本身就是"商务"与"英语"结合，因此其不可避免地使语言学和经济学这两门学科自然地融合起来。目前从语言经济学视角对商务英语的研究主要是学科理论、人才培养和教学模式等理论方面，理论研究已经趋于成熟，但缺点是实证研究还较少，这一点是未来值得深入研究的一个方向。

第二,大学英语教育,通常也称作公共英语教育,在"复合型人才培养"已经深入人心的背景下,"专业+外语"已经成为非英语专业人才培养的共鸣,这其实也是符合经济学中人力资本和市场需求等理论的。运用更多的经济学方法,可对外语教育中的许多策略重新审视,从而改进教学模式,提升人才培养效率,以期达到符合时代需求、真正为国育才的目的。

第三,目前语言经济学研究在外语学科领域的探索广度依旧不够,如语言产业、语言竞争、语言政策、语言扶贫和语言服务等方面。这些宏观方面的研究在外语学界应是大有可为的。目前民办教育机构最盈利、影响最大的往往是外语培训机构,这就是语言产业的一个方面。另外,我们也开始重视"思政融入外语课堂"的教学,这其实也是语言竞争的一个体现,以往我们的外语教育过于重视外语听说读写基本能力和外国文化知识的传播,却忽视了我们自身文化的自信,久而久之,对本民族语言产生了一定的忽视。还有就是语言扶贫方面,良好的外语教育是改变贸易隔阂,促进经济发展的利器。语言服务层面当然更值得探讨,随着国家之间交往的增多,规范化、优质化的外语服务可对国家经济发展起到相当大的作用。

第四,有一些文献由于还比较新,因此在高引用率数据中还未体现,但其研究也是值得重视的,例如,何莲珍、张慧玉(2017)及王莲(2018)运用语言经济学的视角来研究中国英语能力等级量表,这是语言经济学和语言测试研究的初步结合,相信将来关于这方面的研究会越来越多。

第五,从所使用的经济学理论来看,主要集中在人力资本理论、供给需求理论和成本效益理论等方面,然而经济学理论纷繁复杂,例如,郑丽萍(2015)就曾提到语言经济学研究大师 Grin "强调采用新古典派(neo-classical)方法,其在研究方法上更注重证伪主义的普遍化、假定条件的多样化、分析工具的数理化、研究领域的非经济化、案例使用的经典化、学科交叉的边缘化。其他语言经济学方法包括实证分析、规范分析、定量分析、定性分析、成本效益分析以及对比分析"。虽然一些学者也做了一些探索（刘国辉、张卫国，2017；孙军娜，2017；王立非、金钰珏，2018），但是在研究方法上仍有许多可改进之处，其他层面的分析工具相信对语言学和经济学的结合研究也一定会起到帮助作用。

  从前面的分析可以看出，学者们从语言经济学的视角对英语教育教学做出了许多研究，但不管是从广度还是深度上，研究依旧存在很大的提升空间。在新文科建设背景下，对于语言经济学与英语教育的结合研究，不管是从经济学方面的思考，还是从语言学方面的思考，都可对提升英语教学效果起到促进作用，从而真正有效提升大学英语教学质量。在经济学方面，采取怎样的英语教学策略，对个人或者国家可带来最大的收益，这种收益可包括经济上的或者抽象意义的沟通上的；在语言学方面，语言经济学的方法可对外语教育教学中的具体方法进行量化的检测，如对中国英语能力等级量表的内容进行量化的考察等，可以起到一种科学性的验证。通过这两个角度，宏观方面，可推进英语本科教学科学方案的制定，微观方面，为个人的外语学习以及教师的教学可提供合适的策略。

本篇小结

本篇的内容主要围绕经济学理论与语言教学的融合展开。在第一章中，论述了著名经济学家曼昆的经济学十大原理在语言学习中的应用价值，诸多想法值得未来继续思考和证明，接下来运用微观经济学中的"边际产量""边际效用递减率"和"外部性"等理论对语言学习的情况进行了分析，可使我们纠正之前某些语言学习评价的误区。在第二章中，主要是从语言教学者角度进行论述，运用预算线和无差异曲线等方法探讨了语言教学者的偏好，给出了效用最大化的教学建议，另外，还对新近兴起的"产出导向法"教学模式进行了一些探索。语言经济学是一门将语言学与经济学相融合的跨学科研究，其出现时间还不长，进入我国的时间则更短，仅20年左右，在这20年左右的时间里，语言经济学在英语教育领域也有了许多研究成果，第三章对相关研究进行了梳理和分析。语言经济学与英语教育的结合研究主要体现在商务英语教学方面和公共英语教学方面，已经产生了一些有影响力的论文和学者，但数量不多，在英语教育的很多方面研究尚且不够深入，通过对其整理阐述，希望可以对未来的研究有一些启示。

基于经济学理论的
语言教学与研究
Part 2

第二篇　基于经济学理论的
　　　　语言研究

第四章 语言博弈论介绍

第一节 什么是博弈论

了解博弈理论,首先要了解什么是博弈。虽然与下棋相关的"博弈"一词中国自古有之,但是现代意义上的博弈理论,主要还是按照西方数学、经济学的体系来解释的。英文中的"博弈",指的是"Game","博弈理论",也就是"Game Theory",直译为"游戏理论",似乎不如译成"博弈论"一词高大上。

了解博弈论,首先要了解什么是博弈,博弈通常包含四个要素:

1. 参与者(The players):即在这个游戏中所参与的选手,博弈论中为了描述的简易化,通常用有两个选手的博弈来进行解释。理论上,参与者的数量可以是无限的。

2. 规则(Rules):即进行博弈的规则。博弈参与者可根据规则采取相应的策略。

3. 收益(Payoffs):即博弈中参与者的收益情况。

4. 结果(Outcomes):即在参与者采取行动后,博弈最后的结果是怎样的。

通常博弈中会包含这样的四个因素,参与者会根据制定的规则,采用自己所认为的优势策略,这种策略同样要考虑对手的想法,因此博弈的参与者假定为理性的。

那么作为一个"理性人",一般会怎样去做呢。首先,自身的收益是极为重要的,参与者一定不会采用对自身严格不利的策略。其次,参与者会站在别人的立场上,考虑他们会怎样做。看似非常理性的背后,这样去做却往往造成次优甚至极差的结果。举例来说,大家可能看过以数学家、博弈论大师约翰·福布斯·纳什(John F. Nash)为原型的电影《美丽心灵》(*A Beautiful Mind*),其中有一个纳什与几位同学追求爱情的小故事,如果大家都去追同一位美女,那么如果追求失败,再去追求美女的闺蜜时,美女的闺蜜认为自己受到了轻视,也不会同意他们的追求,结果大家都没有所得。而这时如果采用另一种策略,即有人追美女,有人追美女的闺蜜,最后可能收获会大于上一种策略。这里当然有个限定,即大家都去追求认为对自己最优的策略,结果却是得不偿失。因此,在一个不完全竞争、不完全了解所有信息的博弈中,参与者往往成为完全的利己主义者。

博弈论最早在1928年诞生,发展到现在,主要包括非合作博弈理论、合作博弈理论和演化博弈理论等,其用途也十分广泛,不仅应用于经济学,还在政治学、国际关系学、生物学等诸多学科有着广泛的应用。本书主要讲述其在语言学中的应用,并结合作者的研究成果,进行了一些拓展。

第二节　一个简单的语言使用博弈

在介绍几种常见的博弈之前,我们先来看一个笔者回到家乡的趣事。笔者的家乡有着具有地方特色的方言,虽与普通话相近,然而声调的音值却完全不同。故事是这样的,笔者在外求学时习惯了使用普通话,因此,在家乡的一个水果摊购买水果时,不自觉地使用了普通话,然后这个水果摊的老板就趁着夜色给了我一个烂了的哈密瓜,由于我也未仔细看,等拿回家才发现,一气之下,又跑回那个水果摊用方言与其讲理,水果摊老板惊讶我是本地人,连说道歉,又给换了一个新的哈密瓜。这个故事其实就体现了博弈和语言的关系,我们来细细分析一下(见表4.1)。

表4.1　　　　　　　　博弈矩阵一

我 (D,M)	水果摊老板(D,M)	
	3,3	3,1
	-2,5	4,1

在这里,语言的策略有两种,即方言(D)和普通话(M)。先来分析左上方框里的收益,如果我使用方言,水果摊老板也使用方言,这时他认为我是本地人,不欺骗我,交易达成,各自的收益分别为3。再来看左下方的方框,我采用了说普通话的策略,水果摊老板说方言,水果摊老板认为我不是本地人,容易欺负,卖给我一个烂的水果,那么我花了钱,却得到一个烂水果,我的收益是-2,而水果摊老板收了同样的钱,却卖出了一个烂水果,收益增加为5。再来看右上角的方框,我使用方言,而水果摊老板使用普通话,交易达成,我的收益为3,而水果摊老板为当地人,极少说普通话,这时强行说普通话浪费了精力,收益减为1。再来看右下角方框,水果摊老板和我都用的说普通话的策略,且交易正常达成,由于我习惯了说普通话,相比说方言而言,我的收益增加为4,而水果摊的老板依然为1。

从策略的收益角度来说,水果摊老板不会使用严格劣势策略,即他一定会使用方言。而我如果不考虑水果摊老板的收益,只考虑自己,可能就采用了说普通话的策略,结果却是得不偿失。因此这个博弈最佳的收益矩阵就是左上角,我考虑到水果摊老板说方言,而我也采用说方言的策略,此时的收益矩阵是一个纳什均衡。

以上讲了一个博弈与语言的例子。博弈的形式有许多种,如智猪博弈、斗鸡博弈、性别博弈、囚徒困境、鹰鸽博弈等,后面再根据情况把一些博弈形式及其与语言运用的结合做一下介绍。

第三节　博弈的表达形式

博弈常用的表达形式有两种：一种是扩展式描述（The Extensive Form Representation），另一种是标准式描述（The Normal Form Representation），下面我们来分别说明。

一、扩展式描述

扩展式描述是类似于树形的一种表达方式，我们以第二节讲过那个语言与博弈的故事来举例。

在图4.1中，"我"是Play 1，水果摊老板为Play 2，"我"是第一个节点，在节点处有两个策略，即说方言（D）和普通话（M），在第二个节点处水果摊老板也同样有说方言（D）和普通话（M）两个策略，当"我"使用说方言（D）的策略，水果摊老板也采用说方言的策略（D），此时双方的收益就是节点（3，3）。而当"我"使用说普通话（M）策略，而水果摊老板说方言（D），收益节点就是（-2，5）。其他以此类推。节点变化也可由老板先发起，博弈结果是一致的。

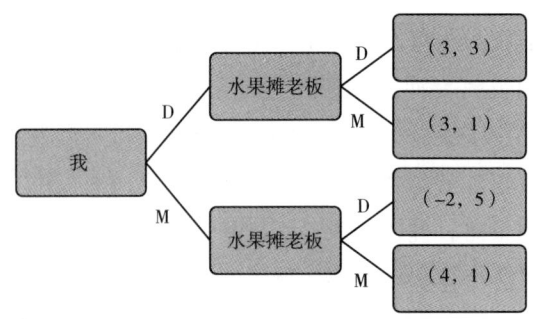

图4.1　一个方言和普通话的博弈矩阵树形图

二、标准式描述

博弈树对于理解博弈论有着很大的作用,但是在更为学术的场合,如论文写作,则标准式描述更为普遍一些。我们先来说一下标准式描述的一般做法,然后用简单的例子进行说明。

通常一个博弈有 n 个参与者,所以可以用 I = {1, 2, …, n} 表示参与者的集合,当然这里的 n 为正整数。每一个参与者可以表示为 $i \in I$,用S_i作为参与者 i 有限的纯策略集合。因此,每个参与者 $i \in I$ 的纯策略集合可以表示为 S_i = {s_1, s_2, …, s_n},n ≥ 2。参与者 i 的收益可以表示为 $u_i(s_1, s_2, …, s_n)$,即参与者采用某种策略时所获得的收益。那么整个博弈我们可以总结为一个三元组 G = (I, S, u)。我们用一个例子来说明。

我们在前面提到了一个简单的语言使用博弈,那么其中 I 可以表示为 I = {我,水果摊老板},表示其中的两个博弈参与者;其纯策略 S_1 = {方言,普通话},S_2 = {方言,普通话};其收益可以表示为 $u_1 = \begin{pmatrix} 3 & 3 \\ -2 & 4 \end{pmatrix}$,$u_2 = \begin{pmatrix} 3 & 1 \\ 5 & 1 \end{pmatrix}$,分别表示各自相应策略的收益。

本章介绍了什么是博弈论,说明了博弈论的四个要素,并运用一个简单的语言例子用扩展式和标准式进行了描述。后面我们继续讲解博弈论的深层知识,并探讨其在语言学中的应用。

第五章 语言博弈中的纳什均衡

第一节 严格劣势策略的排除

了解纳什均衡,首先要了解完全信息静态博弈的情况。博弈的种类不同,其均衡的求解也有着不一样的方法。完全信息静态博弈是其中最基本的一种。完全信息静态博弈,正如其名,其博弈双方所了解到的信息是完全的,且策略的选择是静态的,也可以理解为"同时的",其实严格意义上来说,两者的选择并不一定按照时间顺序,可以抽象地理解为"同时"。

作为一个"理性人",在一个博弈中,一定不会选择对于自身的严格劣势策略,换句话说,即在完全信息情况下,会排除对于自身严格不利的策略。

"严格劣势策略"的定义:作为一个标准型博弈 $G = (I, S, u)$,参与者的集合 $I = \{1, 2, \cdots, n\}$,$S_i = \{s_1, s_2, \cdots, s_n\}$,$n \geq 2$,参与者 i 的收益为 $u_i(s_1, s_2, \cdots, s_n)$,每一个参与者 $i \in I$,用 s_i 作为参与者 i 纯策略,s'_i 和 s''_i 分别表示参与者 i 的两个策略,如果 s'_i 与 s''_i 相比,是一个严格劣势策略,那么则有:

$$u_i(s_1, s_2, \cdots, s_{i-1}, s'_i, s_{i+1}, \cdots, s_n) < u_i(s_1, s_2, \cdots, s_{i-1}, s''_i, s_{i+1}, \cdots, s_n)$$

(5.1)

满足该条件的策略 s'_i 属于严格劣势策略,"理性人"不会选择这

第五章 语言博弈中的纳什均衡

样的策略。博弈参与者的理性指的是各方共有的知识（common knowledge），即双方清楚对方一定不会采用严格劣势策略，因此，对方的一些策略预测就可以排除，有一些博弈可用劣势策略排除法求得最后的解（见表5.1）。

表5.1　　　　　　　　博弈矩阵二

		参与者2		
		左	中	右
参与者1	上	1，0	1，2	0，1
	下	0，3	0，1	2，0

我们对上面的博弈进行分析，参与者1有两个策略{上，下}，参与者2有三个策略{左，中，右}，可以先看参与者1的收益，也可以先看参与者2的收益。我们从参与者1开始，其收益矩阵为 $\begin{pmatrix} 1 & 1 & 0 \\ 0 & 0 & 2 \end{pmatrix}$，即采用"上"策略可能优于"下"策略，也可能劣于"下"策略，因此暂时不能排除。我们再来看参与者2的收益矩阵为 $\begin{pmatrix} 0 & 2 & 1 \\ 3 & 1 & 0 \end{pmatrix}$，很明显，根据定义，参与者的策略"右"与"中"相比，是一个严格劣势策略，因此可以排除。这时，我们接着再看参与者1的收益，因为参与者2排除了一个策略，这个时候参与者1的收益矩阵成了 $\begin{pmatrix} 1 & 1 \\ 0 & 0 \end{pmatrix}$，"下"策略严格劣于"上"策略，因此排除"下"策略。参与者2此时的收益矩阵成了 (0，2)，当然就会排除"左"而选择"中"策略。得出此博弈的解为{上，中}，即参与者1会选择"上"策略，参与者2会选择"中"策略。

为了对完全信息静态博弈有一个较深的理解，我们再来举一个经典的博弈例子：囚徒博弈。囚徒博弈也称为"囚徒困境"（Prisoner's Dilemma），指的是两个同谋犯罪的嫌疑人被逮捕后采取的策略及收益问题，该博弈也可通过排除严格劣势策略的方法求得博弈的解（见表5.2）。

表5.2　　　　　　　　　博弈矩阵三

		嫌疑人2	
		否认	认罪
嫌疑人1	否认	-1，-1	-5，0
	认罪	0，-5	-3，-3

嫌疑人1和嫌疑人2都有两种策略：一是否认，二是认罪。如果其中的一位嫌疑人认罪，另一位嫌疑人否认，则本着"坦白从宽，抗拒从严"的原则，认罪者被释放，否认者获刑5年。如果两者都否认，因为证据不多，两位嫌疑人各获刑一年。如果两者都认罪，则各获刑3年。

在这个博弈中，每个理性的嫌疑人都不会选择对于自己的劣势策略，最后的纳什均衡为双方都认罪。而理性并没有使团体收益最大化，即{-1，-1}。

生活中类似"囚徒困境"的博弈比比皆是，如国家间的裁军问题，如果世界完全和平，即大家都不拥有军队，省去财政开支，才是各个国家最好的收益，而实际情况却是，大家都会防备对方，造成的最后博弈结果并不是最优，甚至还可能出现军备竞赛的情况。当前社会中的"内卷"问题，也可用"囚徒困境"博弈给出合理的解释。

第二节　最佳对策与纳什均衡

博弈论中预测的均衡，指的是策略稳定（strategically stable），当然这是建立在博弈参与者理性的基础上，因为在参与者理性的情况下，会考虑对方的策略而制定自己的最佳对策（best response）。

"最佳对策"定义：针对对手的策略s_{-i}，参与者i的策略s_i满足下面的条件时，叫做最佳对策。

$$u_i(s_i, s_{-i}) > u_i(s'_i, s_{-i}) \tag{5.2}$$

(for all s'_i)

由"最佳对策"的定义,我们可以引出"纳什均衡"的定义。

纳什均衡:对于一个博弈中所有的参与者 $I = (1, 2, \cdots, n)$,能够满足任一参与者 i 最佳对策 $u_i(s_i, s_{-i}) > u_i(s'_i, s_{-i})$ 的策略组合 $S = (s_1, s_2, \cdots, s_n)$,即纳什均衡。

从这个定义可以看出,纳什均衡的结果,是各个博弈方相互博弈的一个最终均衡,而不仅仅是考虑参与者自身。

下面我们以两人博弈为例,求解一些经典博弈中的纳什均衡。在第一节中,表5.1和表5.2中的均衡既可以用劣势策略排除法得到,也可以采用最佳对策的方式求解。我们再来看一个例子(见表5.3)。

表 5.3　　　　　　　　博弈矩阵四

		参与者2		
		左	中	右
参与者1	上	0,4	4,0	5,3
	中	4,0	0,4	5,3
	下	3,5	3,5	6,6

参与者1和参与者2各自选择相互博弈情况下的最佳对策,最后会得到的纳什均衡结果为(下,右),即参与者1会选择"下"策略,参与者2会选择"右"策略。

其实采用劣势策略排除法,如果最后获得一个解,与采用最佳策略法得到的唯一的解,两者是一致的,都是纳什均衡。然而,有时一个博弈的纳什均衡结果并非只有一个,而是有多个解,我们来看有多个纳什均衡的例子(见表5.4)。

表 5.4　　　　　　　　博弈矩阵五

		女生	
		足球	逛街
男生	足球	2,1	0,0
	逛街	0,0	1,2

以上这个博弈通常称为"性别战"（the battle of the sexes），一对情侣想去约会，有两个策略选择，可以选择一起看足球，也可以选择一起逛街，也可以一人选择看足球，一人选择逛街。男生更喜欢看足球，因此，当两人共同看足球时，男生的收益为 2，女生因为也见到了心爱的人，收益为 1；女生更喜欢逛街，因此，当两人选择共同逛街时，女生的收益为 2，男生的收益为 1；如果两人各自去做自己想做的事情，约会没有成功，收益均为 0。在这个博弈中，通过最佳对策的方法，可以发现有两个均衡，即（足球，足球）和（逛街，逛街）。再来看一个例子（见表 5.5）。

表 5.5　　　　　　　　　博弈矩阵六

		司机 2	
		靠左行驶	靠右行驶
司机 1	靠左行驶	2，1	0，0
	靠右行驶	0，0	1，2

表 5.5 是关于交通的一个博弈，很明显可以看出，此博弈也是有两个纳什均衡，即（靠左行驶，靠左行驶）和（靠右行驶，靠右行驶）。这个博弈也体现了当前世界上的两种行车规则：一种是都靠左行驶的，如英国、日本、马来西亚等国；另一种是靠右行驶的，如中国、美国等，因为这两种结果都是纳什均衡的结果。

求解前面具有多个纳什均衡解的博弈，有的可能靠习俗或规定（如行车规则），有的需要一方谦让一方（本着绅士的态度，通常是男生谦让女生，当然也可以是一周看足球，一周逛街），还有的可能具有心灵相通就能达到的博弈纳什均衡，我们放在下一节中继续讨论。

第三节　纯策略纳什均衡的语言学应用

在两人博弈中，有时心灵相通就能求得一个博弈解，例如，两个人想在纽约见面,然后跟对方约定在纽约见面,并没有说具体地点,结果两人不约而同地在纽约火车站见面了,这就是一个"心灵相通"的例子,也称为"谢林点"(Thomas Schelling's Focal Point)。这种心灵相通是建立在两者熟知的基础上的,如果一个人去了火车站,另一个人去了纽约广场,则就没有"心灵相通"了。

其实在语言的应用中,也可以发现这样的例子,例如,我们在自己的家乡,常常是说方言的,与父母、亲戚朋友可能都是用方言聊天,而出门在外往往是用普通话交流。这里每个人其实可以看成有两个策略,博弈的形式如表 5.6 所示。

表 5.6　　　　　　　　博弈矩阵七

		说话者 2	
		方言	普通话
说话者 1	方言	a, b	0, 0
	普通话	0, 0	b, a

$a>0$,$b>0$。我们先说方言一致的情况,如果两个人方言一致,纳什均衡分为两种,即(方言,方言)和(普通话,普通话)。当然也可能只存在一个纳什均衡,如一些长辈并不说普通话,因此他们的策略只能是"方言",此时,我们的策略也应相应调整,即说"方言"。有些人回到家乡不说方言而说普通话,结果是不怎么受人待见,从这个博弈模型可以看出原因。

另一种是方言不一致的情况,例如,一个江西人和一个广东人聊天,一个人说江西方言,一个人说广东方言,此时的博弈结果成了如表 5.7 所示的情况。

表 5.7　　　　　　　　博弈矩阵八

		说话者 2	
		方言	普通话
说话者 1	方言	0, 0	0, 0
	普通话	0, 0	b, a

因为两人互相听不懂，所以沟通无法进行，收益为0，此时的最佳策略只能是说普通话。这也是为什么随着社会经济发展和城市化的进程，普通话逐渐流行，而方言却逐渐消失的原因之一。另外，表5.7还可以写成表5.8的形式。

表5.8　　　　　　　　　　博弈矩阵九

		说话者2	
		自己国家语言	英语
说话者1	自己国家语言	0, 0	0, 0
	英语	0, 0	b, a

可以看出，当两个国家的语言不同时，此时博弈的纳什均衡为（英语，英语）。英语的普及性使学习英语已成为国际化的必备技能。

另外，上述表格还可以稍微变换用来描述分析语言代沟的产生，如表5.9所示。

表5.9　　　　　　　　　　博弈矩阵十

		说话者2	
		流行语	一般语
说话者1	流行语	a, b	0, 0
	一般语	0, 0	b, a

当使用流行语的人与懂得流行语的人聊天，互相交流可以听懂，没有问题。而当一个使用流行语的人和一个对流行语不太熟悉的人（只会一般语言）聊天，就会出现沟通不畅的情况，此时双方无法交流，各自收益为0。一般情况下，喜欢流行语的是年轻人，而只用一般语言的是年龄较大的人，这自然而然就出现了代沟的问题。代沟的原因比较多，语言代沟是其中的一个原因，如果老年人接触新事物，不放弃新兴语言的学习，至少可以在语言方面少一个代沟。

第五章 语言博弈中的纳什均衡

前面我们分析的语言博弈还较为浅显,在语言实际应用中会涉及更为复杂的博弈内涵,在接下来的几章中,我们将借助分析一些具体的问题,如线上语言教学、城乡语言竞争、防疫标语使用和文字竞争等话题,进行更为深入的探讨。

第六章　古诺纳什均衡与线上第二语言教学

本章从效用最大化出发，利用古诺竞争模型，分析了线上第二语言教学课堂的理论效果。仅从理论上分析，线上教学可以解决线下课堂中的无效时间等问题，可以达到教学效果的最优。但是达到课堂效果最优需要教师根据班级学生的水平制订相应的教学策略，即不是传统上一些有经验的教师提到的"一半时间让学生说"或者"三分之二时间交给学生"等说法，而是不同的学生，采取的策略不同，并且依据模型，是有一定的标准的。线上教学并不是摒弃线下教学，而是借鉴传统课堂优势，并发挥线上技术效果达到的。另外，本章内容虽是关于语言教学，但由于是博弈论应用的延伸，因此为了理解的方便，并未放到本书第一篇，而是与其他语言现象一起在第二篇进行探讨。

第一节　关于线上语言教学

线上线下融合进行语言教学一直是个热点问题。发展线上教学，并不是摒弃之前的教学方法，而是找寻之前教学方法的不足，利用信息技术的优势，使教学达到一个更高的效用。2020年初，受新冠肺炎疫情的影响，教育部印发了《关于疫情防控期间做好普通高等学校在线教学组织与管理工作的指导意见》。指导意见发布以后，全国各地高校按照"停课不停教、停课不停学"的要求，制定了相应的在线教学方案，许多教师从生疏到熟练，逐渐适应了网课教学。在此背景下，本章试对线上第二语言课堂的情况做出分析，运用数学模型探讨其效用最优化问题，以期对以后的线上教学及线上线下结合教学提供一些借鉴。

针对线上教学，技术从来不是关键手段。徐锦芬、龙在波（2020）提到"技术辅助有助于提升教学效果，却无法代替低劣的教学水平"，还提到"没有理论指导的技术资源开发无法反映技术调节外语教学生态中多因素的相互交织作用"。由此，我们认为，通过借鉴某些理论，既可对于语言教学课堂效果起到解释和促进作用，又可促进教学软件技术的开发。我们这里借鉴的是经济学中的古诺纳什均衡原理。古诺纳什均衡通常用来解释经济学中的寡头竞争模型，也就是说，市场上存在两个企业，生产一样的产品，怎样可以在相互竞争中达到各自的效益最大化，即均衡状态。这与我们的第二语言课堂十分相似，我们的课堂上有两个主体：一个是教师，另一个是学生，生产的"产品"是"语言"，即"金课"概念中所说的对话交流或者争论，在教学实践中，各自说话量为多少才可以达到"均衡"状态，是经常听到的"教师说一半，学生说一半"，还是"教师说三分之一，学生说三分之二，把课堂交给学生"，这种说法到底有没有科学依据，是否可以使各自的效益达到最大化，这就是本章研究的主题。

因此可以说，本章研究的目的，是以"金课"建设目标为指引，运用具象化的手段，从微观角度，探讨线上教学时效用的最大化问题，并且得到了初步有效的分析结果。

第二节 模型的构建

一、模型构建的缘起

第二语言，指的是除母语外学习的一门其他语言，因为母语是第一语言，所以称学习的其他语言为第二语言。当然人们可能不止学一门外语，可能学习两门外语，这就又有了"第二外语"的说法。我们在这里所讨论的主要是第二语言课堂的教学问题，由于国内目前主要是英语为第二语言，因此在举例时会以英语为例。

第二语言课堂语言能力方面强调听说读写，以英语为例，中国学生读写的能力常常大于听说，因此许多老师建议在课堂上让学生多说多练，然而在实际的课堂教学中，又有学生认为老师只让学生说，上课学不到什么东西，还不如让老师一个人来讲。为什么会产生这样的问题？这样的问题怎样才能得到合适的解决？

利用古诺纳什均衡的概念，可以给出第二语言课堂学习中的效益最大化建议。而且我们认为，进行了在线即时聊天互动的网课教学，理论上效果会大于一般线下课堂。另外，如果想要保质保量，过程性评价在其中起到十分重要的作用。

二、模型的构建

古诺（Cournot）纳什均衡，严格意义上来说应该是"古诺均衡"，因为这个模型要比"纳什均衡"的发现早了100多年，然而古诺的研究并没有延伸到其他博弈，而古诺均衡的结论与纳什均衡又不谋而合，因此常常被称为"古诺纳什均衡"。

我们构建的模型主要是古诺模型在语言教学上的创新应用。古诺模型分析的是双寡头竞争的模型，即市场上有两个生产企业，两者为了追求效益的最大化，会互相根据对方的策略进行产量的调整。在我们构建的模型里，假设市场上的两个生产企业为"教师"和"学生"，两者都追求课堂效用的最大化，其效用是由其产量 q 决定的，产量 q 可以理解为第二语言课堂的话语表达等。其收益可以用下面的公式来表示：

$$\{0 \leq q < \infty ; u_1(q_1, q_2)\} \tag{6.1}$$

第六章 古诺纳什均衡与线上第二语言教学

q 表示第二语言课堂的产出（语言输出量），大于等于 0，q_1 表示教师的产出，q_2 表示学生的产出，上课时间是固定的，不管是教师还是学生，都不可能无限说下去，可知产出总量为 $Q = q_1 + q_2$，需求曲线如图 6.1 所示。

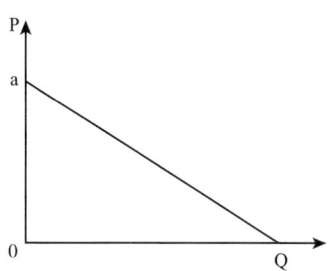

图 6.1　语言输出需求曲线

在经济学原理中，根据供需关系，市场价格会随着产量的增加而下降，当产量达到或超过 Q 时，价格为 0。假设需求曲线的斜率为 $-b$，可知其函数式为 $P = a - b(q_1 + q_2)$。两家生产企业的成本假设为 c_1 和 c_2，则生产企业 1 的收益函数可以表示为 $u_1(q_1, q_2) = Pq_1 - c_1q_1$，生产企业 2 的收益函数可以表示为 $u_2(q_2, q_1) = Pq_2 - c_2q_2$。

我们刚才假设了参与者 1 为教师，参与者 2 为学生，图 6.1 中的 a 可以认为是教学目标，有经验的教师都有这样的经历，教学目标需要合理制定，超出水平（超纲）则无人学习（学生听不懂则只能放弃，与商品太贵则无人购买是一致的），知识可懂有效，学生才有学习的欲望。另外，人的精神和体力是有限的，往往开始学习时专注度较高，逐渐会降低，如果内容太多，学生最后就疲劳了，参与度也不会高，甚至沉默，我们将其假设为一个逐渐下降的过程，这个下降的过程我们可以理解成斜率 $-b$。教师使用第二语言讲话的成本为 c_1，学生使用第二语言讲话的成本为 c_2，一般来讲，教师的水平高，运用第二语言的能力更强，讲话成本会更低，而学生还处于学习阶段，为了发言或讲话需要做较多的准备，其讲话成本更高。这里 P 表示说话后自己的单位收益，教师说话的收益可以理解为教授知识的传达，学生的收益可以理解为学生讲话后对自己技能的锻炼和提升。两者的纯收益是收益减去成本,即教师为 $u_1(q_1, q_2) = Pq_1 - c_1q_1$,学生为 $u_2(q_2, q_1) = Pq_2 - c_2q_2$,由于课堂时间的有限性,两者谁说的多、谁说的少,其实存在一个竞争的过程。

三、模型的求解

在一个标准博弈中,参与者 i 的收益就可以写成:

$$u_i(q_i, q_j) = Pq_i - c_iq_i \tag{6.2}$$

我们再来看一下纳什均衡的定义,一对战略对于一个博弈中所有的参与者 $I = (1, 2, \cdots, n)$,能够满足任一参与者 i 最佳对策 $u_i(s_i, s_j) \geq u_i(s'_i, s_j)$ 的策略组合 $S = (s_1, s_2, \cdots, s_n)$,即纳什均衡。从这个定义可以看出,纳什均衡的结果,是各个博弈方相互博弈的一个最终均衡,而不仅仅是考虑自身。

在古诺特博弈中,对参与者 i,其实是求下面最优化问题的解:

$$\max_{s_i \in S_I} u_i(s_i, s_j) \tag{6.3}$$

在我们分析的第二语言课堂教学博弈中,即求下面最大化问题的解:

$$\max_{0 \leq q_i \leq \infty} u_i(q_i, q_j) = \max_{0 \leq q_i \leq \infty} (Pq_i - c_iq_i) \tag{6.4}$$

由于 P 是关于 q_i 和 q_j 的函数,因此可以代入,参与者 i 的最优化条件为一阶条件,其解为:

$$q_i = \frac{a - bq_j - c_i}{2b} \tag{6.5}$$

如果产量组合 (q_1^*, q_2^*) 为纳什均衡,则应该满足下面的条件:

$$q_1^* = \frac{a - bq_2 - c_1}{2b} \tag{6.6}$$

$$q_2^* = \frac{a - bq_1 - c_2}{2b} \tag{6.7}$$

两个方程联立可解得:

$$q_1^* = \frac{a + c_2 - 2c_1}{3b} \quad (6.8)$$

$$q_2^* = \frac{a + c_1 - 2c_2}{3b} \quad (6.9)$$

以上两个结果就是两者各自的最优化产量,也就是在第二语言教学课堂中,教师的发言量是多少,学生的发言量是多少,是有迹可循的。

第三节 关于模型解的分析

一、均衡说明

这里"均衡"的意义,是指各自考虑对方的策略,达到效用最优化的结果。经济学中这样的情况很多,且在效用都最优的情况下,各自都取得较高的收益,如汽水市场的可口可乐与百事可乐。在第二语言课堂中,教师和学生是课堂中的两个"寡头",为了达到效用的最大化,应该考虑对方的发言量。当然,课堂中往往教师更占据主动地位,这就需要教师从理论上认识到为了达到整个课堂双方效用的最大化,应采用怎样的教学策略,学生则在不知不觉中也跟随教师获得了自身的效益最大化,这样的第二语言课堂才是一个"均衡"的课堂。从前面的均衡结果分析,公式中存在很多的变量,这些变量需要在教学中进行前期或者一段时间的考量,才能根据情况做出最优的策略选择。下面我们来分析教师怎样采取策略,才能使第二语言教学课堂达到合理的"均衡"。

二、相关变量分析

根据前面的均衡结果,收益与"课堂教学目标""教师和学生两者各自的发言成本"和"斜率（体力、注意力的变化）"有着重要的关系，我们先说"课堂教学目标"，其与输出量 q 正相关，因此在学生对于传授知识可理解可接受的基础上，教学目标是越高越好，然而如果超标超纲则不适合。关于"斜率"，与 q 负相关，即课堂中关注度、体力下降的问题，虽然这是不可避免的，但是若想使各自的语言输出量更高，则应该尽量保持体力和关注度，使损失降到最少。很关键的因素是各自的输出成本 c_1 与 c_2，我们在教学中都有这样的体会，学生的语言水平是参差不齐的，拿英语教学来说，很多学校采取分级教学的方式，这就是因为，学生水平不同，授课方式应存在差异。这里的关键点就在于前面提到的成本 c_1 和 c_2，水平高的班级，学生和教师沟通无障碍，因此课堂教学可以循环互动。而水平低的班级则就有了问题，因为这里要看 $q_2^* = \dfrac{a + c_1 - 2c_2}{3b}$，很明显，如果学生开口的成本 c_2 升高，则 q_2^* 就越少，也就是说，学生水平越低，发言量会越低，教师发言量应该越多。如果 $c_1 - 2c_2 + a$ 的值等于或者小于 0，此时教师"一言堂"的策略是最佳的。这也是为什么有的班级不希望让老师提问，而且老师上课时讲的内容过少时学生会有意见的原因。反之，若学生水平较高，此时语言输出成本较低，应鼓励学生多说，并锻炼其更高的能力，如明辨思维能力等。在"金课"五重标准中，以第二语言教学课堂为例，学生水平低的班级几乎不可能达到第四重、第五重标准，教师根据学生的水平采取适当的教学策略，使课程能达到"铜课"或者"银课"层次，也是佳策。而学生水平高的班级，教师非常不适宜采用"一言堂"策略，而是将语言输出权多多交给学生，这样就课堂轻松达到"金课"的第四重境界，如果在内容上再稍加引导，达到"金课"的第五重境界也非难事。因此，"金课"的标准放在分级教学的第二语言课堂中，应当根据学生标准，理清各种变量的关系，才能使课堂教学效果上一台阶。

我们再来看一个极端的例子，即如果不考虑教师和学生的发言成本的话，均衡的结果为 $q_1^* = q_2^* = \dfrac{a}{3b}$，此时学生和老师的发言量是一样的，这就是为什么很多老师经常提到第二语言课堂老师和学生说话应各占一半，其实这只是一个极端的结果，并不具有通识意义。

三、第二语言课堂效用最大化的一个总结

在第二语言课堂教学中，往往听到其他老师谈及这样的教学经验，有的老师说"你让学生说一说，学生就是不说"，也有的老师说"一让学生说，学生占用时间特别多"，有的老师主张"老师说一半学生说一半"，也有老师说，"老师说三分之一，学生说三分之二"，等等。这些结论主观性较强，推广起来有难度。因为班级不一样，教师及学生水平有差异，课堂表现的情况也会有差异。

第二语言课堂古诺纳什均衡的分析结果对于语言教学有着积极的借鉴意义，教师和学生的发言可根据产出的最大化形成一个均衡。把古诺特模型用到第二语言课堂来说明的话，可以这样理解：教师和学生分别是博弈的双方，各自的策略为在课堂中发言量的多少，每堂课会有一个总的发言量（即 $q_1 + q_2$），效益为各自发言所获得的收益，两者发言均有成本，一般来说，教师掌握知识更多，口语更流畅，相对来说，发言成本较低，而学生反之，成本较高。一个第二语言课堂的互动，应该具体问题具体分析，而不应该"一刀切"。当然，我们这里依旧基本遵循了"学生主体地位提高，从'以教为主'转变为'以学为主'"（胡杰辉、胡加圣，2020）的认知主义二语习得观的基本原则。

第四节　网课教学是否可以达到最大垄断收益

企业希望成为市场的垄断者，教师可能会成为课堂的垄断者

（不一定是故意）。在市场竞争中，垄断企业往往能达到利润的最大化，且产品定价较高。放到第二课堂教学中，教师可能为了课堂中教授更多的内容，垄断课堂时，也可能将教学目标定得较高，教学内容比互动时要更高深。通常来说，垄断收益要大于古诺纳什均衡的收益，这是因为，垄断利润为垄断价格减去成本，对于企业来说，一个企业垄断整个市场，则有定价权，在总成本不变的情况下，收益会增加。而存在寡头竞争的市场，双方会通过竞争形成一个均衡的价格，此时是竞争时各自效用最大化的一个情况。我们此时会这样想，为什么两个寡头企业不共谋，获取最高利润呢？如果两个寡头真的同心同德，这个目标是可以实现的，而若双方无具体约束，实际的情况就是：各自为了自己效益的最大化，都会偷偷增加产量，一点一点降低价格，最终还是达到古诺纳什均衡的状态。

  我们来看第二语言教学课堂，既然垄断收益大于古诺纳什均衡的收益，所以很多教师为了某种教学目标（如应试），就愿意"一言堂"，此时学生也喜欢老师"一言堂"。传统的课堂对于这种教学模式即使想改进，也很难实现，因为损失了总体的收益，不管是教师还是学生，都是不满意的。在非应试时，作为训练学生听说读写能力的第二语言课堂，需要通过互动达到训练的目的，此时运用前面古诺特纳什均衡的分析结果就有了意义，正如前面提到的，古诺纳什均衡的结果比垄断效用有所减少，在传统课堂教学中，这种效用的损失不能够补偿，有没有其他方式来解决呢？线上网课教学，通过技术手段，理论上可以解决垄断收益与古诺纳什均衡中间的总体利益损失问题。

  线上教学有一个非常大的特点，即"弹幕"。教师垄断课堂并不影响学生的实时发挥，而且学生利用电脑、手机等设备学习时，可随时查找老师讲到的较为复杂的单词、语言结构等问题，随时提问和沟通。可以说，网课教学既实现了垄断时的最大收益问题，又实现了古诺特纳什均衡中所体现出的互动问题，学生借助工具，降低了成本，实现了课堂收益最大化。

线上教学可实现第二语言教学课堂收益的最大化，我们从理论上进行了分析，为真正达到这个目标，还是有许多前提的。首先，开始授课时，教师并不了解学生的实际水平，学生也不知道教师在课堂上想展示多少教学内容，双方不是互相了解对方的信息，因此，达到前面我们所说的均衡状态需要一段探索，待教师摸清学生语言水平，学生了解教师教学方式，此时才可以达到教学效果的最优。其次，由于线上教学的局限，学生是否在认真听课很难观察，有些软件的功能只能起到教学和互动的效果，而学生的实际学习情况并不能检测，因此要想使所有学生都参与进来，需要制订一个过程性的评价机制，并且通过软件或者教师本身能够检测，可使学生真正融入课堂，这样可以避免一些学生复制其他同学答案"＋1"，或者一边听课一边打游戏的特殊网课上课模式。第一节提到理论指导技术开发的重要性，我们前面的探讨也是为这种理论指导技术开发提供一个借鉴。总之，利用传统课堂的互动教学模式，开发技术手段，并借用合理科学的评价机制，可以使第二语言线上教学达到一个最优的教学效果。

教育部高教司司长吴岩在 2020 年 5 月 14 日的教育部新闻发布会上提到"没有了传统课堂的面对面，却增加了师生点对点的交流互动，这些转变有效解决了中国高等教育的老大难问题，即从满堂灌的'单声道'到互动交流式的'双声道'的转变。"这与本章的观点不谋而合，本章运用经济学的视角，对于该观点给予了证明，并从细节上对怎样运作能够取得最大的效用提供了方法。

本章借助古诺模型的拓展，运用数学理论的手段对这种观点进行了再度验证，对第二语言课堂的均衡进行了思考，希望对第二语言课堂的教学有一些帮助。在第二语言课堂中，各个班级不应该"一刀切"，互动发言量要根据情况而定。外语分级分类教学，不能仅仅是将学生分级分类后就不管了，还要根据级别类别，制订相应的教学目标，高水平班与非高水平班的互动模式也要根据情况适时调整。另外，网课教学的"弹幕"形式，既是信息化教学的新模式，也可实现课堂整体收益的最大化，课堂教学效果还与对学生的过程化评价有关。后期可进一步通过汲取大数据成果，进行数据统计，运用科学的办法，优化在线课堂效果。

第七章　博弈论视域下城乡一体化过程中的语言竞争研究

本章尝试在博弈论视域下，运用博弈数学模型方法探讨城乡一体化发展过程中自然存在的语言竞争问题。城乡之间人们的交往增加必然会存在方言与普通话的竞争。通过博弈模型分析在方言与普通话竞争时，什么情况下方言使用者的收益更大，什么情况下普通话使用者的收益更大，从而解释了为什么有些地方的方言随着经济的发展逐步消亡，而有些地方则乡音无改。在竞争中，方言和普通话会存在着短暂的均衡，然而随着城乡进一步融合，这个均衡是不稳定的，方言的消失会成为必然。因此，如果要在经济发展中保护方言文化，就需要采取适当措施，实现经济发展与语言竞争之间的平衡。

第一节　城乡一体化与语言的竞争及演化

随着中国经济的不断发展以及国家在城乡一体化政策上的努力，城乡间人口流动增加，城镇居民和乡村居民的接触和交流也越来越多。人们的交流毕竟用到语言，由于城乡间语言有一定的差异，也势必造成语言的竞争、变异和融合等问题，一般来讲，语言间的竞争会出现两种结果：一种是造成某一类语言的消失；另一种是使语言产生了一定的变化。当然，消失的语言也可能会有一部分词汇像化石一样存在于强势的语言中,但总体而言,这类语言还是基本消失了。

王士元先生曾提到"语言是一种由两股演化力量塑造的行为,一是生物的,二是社会的"(王士元,2013)。生物的因素往往在于人体的生理结构,因此语言往往被认为是人类所特有的,我们这里的讨论不考虑该因素,主要是考虑社会的因素,即认为语言存在一定的交际收益甚至经济效益。美国学者穆夫温教授也曾提到"很明显,在语言演化的人种学角度存在着成本效益方面的考虑:使用者在某种他们选择要说的语言中需要(最大程度地)有所获得。这种获益可能是指一些工作途径、更好的地理环境或社会流动性、更强的社会归属感等"(穆夫温,2012)。语言具有一定的经济效益,我们可以认为是"语言"的经济学。

在城乡一体化的过程中,人们对于语言的选择往往受到收益的影响,我们借用博弈论的思考方式,对于城乡语言的变化做一个语言竞争的分析,以此了解为什么在有些地方方言保持较好,而有些地方方言迅速消失。如果想要在经济发展中保护方言文化,可采取的有效的措施是什么,都可以通过这个分析给出一定的建议。

第二节　城乡语言博弈的设定

博弈论的说法在20世纪20年代产生,经过学者们近百年的努力,在经济学、生物学以及国际关系等学科中都有着广泛的应用。博弈论也逐渐用于语言的研究,有学者对语用学中的博弈方法进行了述评(向明友、夏登山,2011),也有学者运用博弈论对文字的竞争做了探讨(Li & Kim,2019)。在语言竞争中,博弈论的方法更容易得出重要的结论,这里我们就尝试对城乡融合过程中的语言博弈进行分析,首先对怎样使用该理论进行一个简单的说明。

第七章 博弈论视域下城乡一体化过程中的语言竞争研究

一、语言博弈的要素

博弈论一般包含四个要素：参与者、规则、收益和博弈结果。参与者（The players）是指在这个博弈中所参与的选手，为了描述的简易化，博弈论中经常用有两个或两类选手的博弈来进行解释。理论上，参与者的数量可以是无限的。在城乡语言使用的博弈中，我们可以假定两类参与者，即方言使用者和普通话使用者。博弈的规则（Rules）是进行游戏的规则，语言博弈可以简单理解为两个人需要交流，如去购物，如果两个人不用语言交流则很难达成一个交易，博弈参与者可根据规则采取相应的策略，如使用普通话还是使用当地方言。收益（Payoffs）是指博弈中参与者的收益情况，如采用普通话交流的交际收益，或者采用方言得到的交际收益，两者往往是不同的。博弈的结果（Outcomes）是指在参与者采取行动策略后，博弈最后的结果是怎样的。在完全信息的条件下，博弈参与者会互相考虑对方的策略，以形成一个稳定的博弈结果，通常称其为"均衡"，纳什均衡是博弈论中的一个基本概念。

博弈中的参与者会根据既定的规则，采用自己所认为的优势策略，这种策略同样要考虑对手的想法，因此博弈的参与者假定为理性的。那么作为一个"理性人"，一般会怎样去做呢？首先就是觉得自身的收益是极为重要的，参与者一定不会采用对自身严格不利的策略。其次，参与者会站在别人的立场上，考虑他们会怎样做。博弈的最终结果有时候与大环境的期待不同，如许多学者认为方言或者少数民族语言的某些保护措施可行，但是通过博弈论的分析，这些措施中有的是不太乐观的。

二、演化博弈说明

语言的演化变异可用博弈论的方法进行研究，尤其是演化博弈理论，这是因为：演化博弈理论可以清晰地解释为什么在古代方言和少数民族语言可以较好地得到传承,而在经济高速发展的今天却迅速消失;为什么方言消失的速度并不尽一致;在方言保护时需要注意什么才可真正地使方言继续传承;等等。演化博弈理论的参与者也是从某个群体中产生,如说普通话的群体或者说方言的群体,而参与者在社会生存的过程中使用到语言策略,其交际收益为在社会中生存的适应值,演化博弈的均衡是指少量的突变体不能在群体中存活,也就是说,存在一个群体的演化稳定策略(ESS),对演化稳定策略的分析可以将动态过程模型化,通常被称为复制者动态(Replicator Dynamic),在城乡语言接触的博弈中,运用演化博弈的方法可以对语言的演化有一个比较清晰的认识。

第三节 城乡语言接触的演化博弈分析

城乡语言博弈并不仅仅存在于现代,在古代也有类似的情形,古人做官到京城时需要说官话,而告老还乡后可能又去说方言。在当代,随着城乡一体化的逐渐推进,城乡间人们的交流越来越频繁,有的人进城说普通话,下乡说方言,有的人从说方言逐渐改为说普通话等。这些语言使用策略的形成可用演化博弈给出合理的解释。

按照演化博弈分析的模式,我们制作了如表7.1所示的博弈收益矩阵。实际的情形中语言博弈的类型有多种,在本节先用一个比较典型的博弈形式进行说明,从而理解基本的结论,在下一节对其他的博弈类型再进行拓展分析,结论虽基本一致,但有些细节需要值得注意。

表 7.1　　　　　　　　语言使用博弈一

		说话者2	
		普通话	方言
说话者1	普通话	U, U	U − B, U′
	方言	U′, U − B	U′, U′

博弈的参与者为说话者 1 和说话者 2，采用的说话策略可以为"普通话"，也可以为"方言"。如果双方用"普通话"的策略来交流，那么收益均为 U；如果双方都用"方言"策略来交流，收益均为 U′。设定收益 U≥U′，因为通常来说普通话使用的人口更多，传播性更强，在古代"官话"也是效用更高的语言。如果说话者 1 采用"方言"策略，而说话者 2 采用"普通话"策略，说"方言"者的收益为 U′，而说"普通话"者的收益为 U–B，我们设想一下这样一个场景，我们去一个地方旅行，我们说普通话，对方听得懂，但表达时由于对方不会说普通话，我们听懂的内容会受影响，因此需要减去一部分收益。在语言接触的过程中，由于说"方言"者和说"普通话"者会考虑自己的交际收益，可以用演化博弈复制者动态的情况进行分析。

假设在 t 代中，群体中比例为 $p^t(0 \leq p^t \leq 1)$ 的成员说普通话，那么说"普通话"者的平均适应值为：

$$p^t \cdot U + (1 - p^t) \cdot (U - B) = U - B + p^t B \tag{7.1}$$

而在 t 代中说"方言"者得到的平均适应值为：

$$p^t \cdot U' + (1 - p^t) \cdot U' = U' \tag{7.2}$$

借助复制者动态，我们分析，当说"普通话"的适应值大于说"方言"的适应值时，即：

$$p^t > 1 - \frac{U - U'}{B} \tag{7.3}$$

此时，$p^{t+1} > p^t$，也就是说，当说"普通话"的平均适应值大于说"方言"时，下一代说普通话的人会越来越多；反之，当 $p^t < 1 - \frac{U - U'}{B}$ 时，即，当说"普通话"的平均适应值小于说"方言"时，下一代说普通话的人就会越来越少；当 $p^t = 1 - \frac{U - U'}{B}$ 时，说方言和说普通话的人数比例会保持不变。方言和普通话博弈中的复制者动态相图如图 7.1 所示。

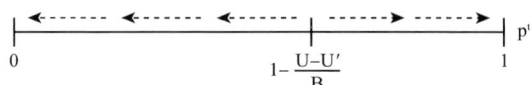

图 7.1 语言使用博弈一的复制者动态

根据演化博弈的分析和复制者动态图我们可以得出这样的结论：在语言接触的过程中，方言和普通话最终只会保留一种，这取决于说某种语言者的比例，与博弈中的收益 U、U′ 和 B 相关，当 p′ 大于 $1-\frac{U-U'}{B}$ 时，最终会成为说普通话的单语社区；当 p′ 小于 $1-\frac{U-U'}{B}$ 时，最终会成为说方言的单语社区。为了更易于理解，我们可以假设特值来说明，如 U 为 5，U′ 为 4，B 为 3，那么当 $p' > \frac{2}{3}$ 即说"普通话"者的比例超过 $\frac{2}{3}$ 时，那么该言语社区逐渐都去说普通话，反之，则逐渐地都去说方言。这一方面可以解释在现代社会随着经济高速发展以及城乡一体化，人们间的交流逐渐增多，方言或者少数民族语言一定会越来越濒危；另一方面也可以解释在古代为什么方言可以保存较好，以及为什么某些言语社团在整体迁徙后仍然很好地保留了自己的方言。

上述的分析中，理论上存在着一个静止点，即 p′ 等于 $1-\frac{U-U'}{B}$ 的情况，但这个静止点是不稳定的，只要存在某些偶然因素，这个静止点就会移向两个方向上的某一个吸引子，如欲保持这个静止点，需要保持一定的说方言的人口的比例，否则是徒劳无益的。

在现代社会，幼儿园儿童、小学生、中学生和大学生，都开始说普通话。许多学历不高的成年人本来说方言，后来也逐渐开始随着孩子说普通话，甚至在城里照顾孙子、孙女的一些老年人，也掌握了一定的普通话。当然，区域发展并不平衡，在城乡融合过程中，人们所掌握的普通话的情况也不同。

第四节 语言博弈的一些其他个案

在前面我们对一个较为典型的情况进行了分析,从而大致了解了语言博弈的分析方法以及大致的演变方向,从而可以更为理性地看待语言竞争问题。在这一小节,我们对语言使用博弈进行更为全面的探讨,努力了解到社会中语言使用现象背后的机制,从而为个人语言使用、语言扶贫和语言保护问题提供一些新的研究视角。

一、"双语"语言保护策略真的有效吗?

我们再来看这样一种情况,假设一个言语社区的群体都为"双语"者,既会说普通话,又会说当地方言或少数民族语言,是否可以有利于方言或少数民族语言的保护呢?

表 7.2　　　　　　　　语言使用博弈二

		说话者 2	
		普通话	方言
说话者 1	普通话	U, U	U, U′
	方言	U′, U	U′, U′

说"普通话"和说"普通话"的博弈收益为 (U, U),说"方言"和说"方言"的博弈收益为 (U′, U′)。一方说"普通话",一方说"方言"的收益为 (U, U′) 或 (U′, U)。按照上一小节的分析方法,假设在 t 代中,群体中比例为 $p^t(0 \leqslant p^t \leqslant 1)$ 的成员说普通话,那么说"普通话"者的平均适应值为:

$$p^t \cdot U + (1-p^t) \cdot U = U \qquad (7.4)$$

而在 t 代中说"方言"者得到的平均适应值为:

$$p^t \cdot U' + (1-p^t) \cdot U' = U' \qquad (7.5)$$

很明显，语言的使用向"普通话"演化还是向"方言"演化取决于 U 和 U′ 的相对大小，如果 U > U′，那么这个言语社区最终会成为普通话社区；如果 U < U′，那么这个言语社区最终会成为方言社区；如果 U = U′，则维持在"双语"状态。

通过上述分析，我们可以发现，理论上维持在"双语"状态来进行方言保护是可能的，但这个点是不稳定的，只要某一类语言收益更大，最终会成为单语社区，在城乡融合的过程中，社会经济环境和外在生态的影响下，往往是 U > U′，那么最终会成为普通话社区。由此看来，为了保护某种语言不会消失，劝说人们尽量掌握自己的方言或者少数民族语言的"双语"策略是很难见成效的。

二、说"方言"和说"普通话"的必然情形

在前面的分析中，由于在一个言语社区内部，人们交流不管使用方言还是使用普通话，相互之间有一个可懂度，然而当方言（少数民族语言）和普通话间差异较大时，其博弈情形往往是这种情况（见表 7.3）。

表 7.3　　　　　　　　语言使用博弈三

		说话者 2	
		普通话	方言
说话者 1	普通话	U, U	0, 0
	方言	0, 0	U′, U′

在表 7.3 中，理论上存在两个纳什均衡，即（方言，方言）和（普通话，普通话）。在城乡分离的状态下，实际的情况可能只存在一个纳什均衡，如家乡的一些长辈并不说普通话，因此他们的策略只能是"方言"，此时，我们与家乡人交流时，策略也应相应调整，即说"方言"。之前提到有些人回到家乡不说方言而说普通话，造成的结果是不受欢迎，从这个博弈模型是可以找出一些缘由的。

前面是说方言一致的情况,另一种是方言不一致的情况,例如,之前提到,一个江西人和一个广东人聊天,都说各自的方言,此时的博弈结果成了下面的情况(见表7.4)。

表 7.4　　　　　　　　　语言使用博弈四

		说话者 2	
		普通话	方言
说话者 1	普通话	U, U	0, 0
	方言	0, 0	0, 0

很明显这个语言博弈的纳什均衡为(普通话,普通话)。因为两人如果都说自己方言的话,沟通往往无法进行,此时的最佳策略只能是说普通话。这也是为什么随着乡村人口进城务工,普通话逐渐流行开,而方言却极少使用的原因之一,务工人员的下一代为了能和同学交流往往都说普通话,这也造成了一些方言的逐渐消亡。"典型的消亡方式是由于使用者选择了其他语言。这种转换的结果就是那些不经常被使用的语言开始衰落,并且(或)再也无法传播给其他可能的使用者,尤其是年轻的一代"(穆夫温,2012)。然而使用普通话不仅可以获得更高的交际收益,也获得更高的经济收益,这也是语言扶贫的一个出发点。

说话者的情况按照排列组合可以分为这样六种:双方都是"双语者",既会说普通话,又会说方言;一方是"双语者",另一方只会普通话;一方是"双语者",另一方只会说方言;一方只会说普通话,另一方只会说方言;双方只会说方言,可能是不同的方言;双方只会说普通话。这些情况都可以用上述的博弈情形进行分析探讨。

三、特别的情形

有时候在语言使用中,不仅仅是存在交际收益的情况,还可能受直接的物质收益的影响,这种情况极其特别。例如,前面提到的

"我"与"水果摊老板"语言使用博弈的案例:"我"在外求学工作时习惯了使用普通话,因此,在家乡的一个水果摊购买水果时,不自觉地使用了普通话,而这个水果摊的老板趁着夜色给了"我"一个腐烂的哈密瓜,由于"我"也未仔细看,等到家才发现问题,后又跑回水果摊用方言与水果摊老板讲理,水果摊老板惊讶"我"是本地人,道歉并给换了一个新的哈密瓜。

这个故事其实就体现了博弈和语言的关系,从策略的收益角度来说,水果摊老板不会使用严格劣势策略,即他一定会使用方言。而顾客如果不考虑水果摊老板的语言交际收益,只考虑自己,可能就采用了说普通话的策略,结果却是收到一个烂瓜,得不偿失。因此,这个博弈最佳的策略就是顾客考虑到水果摊老板说方言,顾客也采用说方言的策略,此时的收益矩阵是一个纳什均衡。从语言竞争角度看,此时"方言"策略的收益大于"普通话"策略。了解了语言博弈的基本知识,我们可以在语言使用中运用不同的语言达到自己的最佳效用。

第五节 语言博弈视角下的语言扶贫与语言保护

前面我们基于博弈论的视角,将语言接触中语言竞争与演化状况进行了分析,使我们对于城乡一体化进程中的语言使用博弈有了更为理性的认识,因而对语言扶贫和语言保护的研究有一个新的切入点。

在语言与贫困的关系方面,国内外都有较为深入的研究,国外近年来有论文集探讨该话题(Harbert,2009),国内也有期刊进行专题讨论(王春辉,2019)。从语言扶贫的角度来说,推广普通话带来的收益是毋庸置疑的,这一点许多学者既有理论的探讨又有实证的分析(卞成林等,2017;王海兰等,2019;黄少安、王麓淙,2020;张卫国,2020;苏剑,2020),这是因为普通话是一种通用度更高的语言,赵世举(2017)、李宇明(2018)都提到了语言与信息的密切关系,而普通话能力往往与获取更多的信息量相关，因此推广普通话与语言扶贫自然地可以结合在一起。

需要注意的是，从语言博弈的角度来看，推广普通话进行扶贫和方言或者少数民族语言的保护是很难有机结合的，其交际收益存在着明显的矛盾。不过，苏剑（2020）提到"多渠道开发利用语言资源，把少数民族语言产业同旅游产业、翻译产业结合起来，以少数民族语言标志的名胜、非物质文化遗产、民歌等剧种等都可以用产业化的方式经营"不失为一种较好的策略。另外，对方言和少数民族语言的保护，进行物质化的抢救是十分必要的，可以利用文字、书籍、音频和视频等方式进行数字化保存，就像我们祖国历史上有诸多珍贵的文物，当某类语言实在无法保护时，可通过现代科技手段形成语言文物，将来也可以备不时之需。这一点从汉字的使用情况来看比较容易理解，产生汉字以来汉字的数量有几万之多，然而实际使用的汉字不过数千，仍可实现文化、知识的顺畅传播，当目前的汉字无法实现发展的需要时，我们可以通过某些汉字词典再去查找发掘某些古字，依旧可用。

在城乡融合的过程中，语言竞争和语言变异是必然的，而且受语言交际收益的影响，方言和普通话的差异越大，这类方言消失得就会越快，而在该方言与普通话能够互相理解的情况下，某些地区方言会保持使用，这也是由于交际博弈的收益造成的。

在动态演化的语言竞争博弈中，有一个演化稳定策略，有一个静止点和吸引子的位置，因此，若要保护方言文化，需要采取适当措施，保证一定量的方言持有者的数量，这样才可以在一定阶段内保护方言或者少数民族语言。从分析中我们也可以看出，这种静止不是稳定的，很容易受复制动态的影响，也就是说，在方言和普通话的竞争中，由于普通话收益更高，在城乡一体化的过程极可能最后只会剩余普通话，而采取一定措施可以延缓方言或者少数民族语言的消失。

本章基于博弈论的视角，对城乡一体化过程中的语言竞争进行了研究。随着经济的发展，语言的变化往往是不可避免的，若要在经济发展中保护方言文化，需要采取适当的措施，实现经济发展与语言竞争之间的平衡。

第八章 博弈论视域下民间防疫标语的效用及演变探析

为防止疫情的传播,我国民间产生了诸多的标语,这些标语的效用到底如何,其语义呈现方式具有怎样的演变,本章借用博弈论的方法进行了分析。博弈的双方可以是标语制定者和普通民众,也可以是遵守规则的民众和不遵守规则的民众。研究表明:民间的防疫标语具有很大的效用;防疫标语的含义有时强硬,有时柔和,这是演化必然的,其呈现循环往复的状态;提升防疫标语的效用,有时需要官方行政措施的配合,使其可置信,否则其效用不是稳定的;另外,在民众与民众博弈时群体性的行为对个人选择也有影响等。通过这些探析,希望可以在防疫标语制定方面更科学,最终使防疫标语成为阻止疫情的一项科学有效的手段。

第一节 先行关于防疫标语的研究

新冠肺炎疫情暴发后,政府希望人们居家隔离,但人们总是像自由的鸟儿一样,并非真心愿意躲在家里。因此,民间进行了广告式样的各类标语宣传,希望人们能够遵从规则、服从大局,这些语言宣传在疫情防控中起到了重要的作用。我国新冠肺炎疫情暴发时,正值中国的传统节日农历新年,走街串巷给亲人朋友拜年是中国的传统习俗，而此时居家隔离却是更好的方案。为了劝说大家居家隔离，官方或者非官方团体使用了大量的语言力量，制作出了大量的标语。标语的使用与民众的心理之间有着微妙的博弈关系，也可体现到标语内涵到底是可置信的威胁还是不可置信的威胁。因此，我们运用博弈论的方法对此现象进行探讨，并对博弈论在语言使用中的独特性进行了分析。博弈的双方可以是标语制定者和普通民众，也可以是遵守规则的民众和不遵守规则的民众。希望借助分析，一方面可以在防疫标语制定方面更科学，另一方面官方行政措施方面也可以采取更人性化的举措，最终使防疫标语成为阻止疫情的一项科学有效的手段，从而对未来的疫情防控起到一定的帮助作用。

关于防疫标语的研究，主要分为两个方向：一是从语言学的角度，二是从传播学的角度。其主要诟病的还是许多的负面性标语，认为标语不但格式要美观，起到警醒的作用，而且内容上也应更人性化。这里我们从两个角度进行了简易的梳理。

一、语言学角度的分析

语言学角度的分析主要是从语言本体展开，如防疫标语的语义、语音、词汇、句式、修辞等方面。袁毓林（2020）以"因果关系之梯"分析了语言表达中人们关于疫情的因果认知与反思归因，其中提到的反事实表达"假如我们当时（不）采取社交隔离措施，其结果会怎样"（袁毓林，2020）的理解，对于分析标语的内在含义也有着很好的启发，除理解了标语的内涵语义外，其中的"其结果会怎样"的"结果"也正是我们在后面要分析的博弈中的"收益"。侯敏、滕永林（2020）提到的防疫顺口溜《誓言》（宁把自己灌醉，也不参加聚会；宁把脑袋睡扁，也不外出冒险；宁把裤头坐破，也不出去惹祸；宁可憋的冒汗，不给政府添乱。）也体现了博弈中的一种策略，我们在下一节将详细探讨。

防疫标语的语音、词汇、句式和修辞等方面也有着显著的特点,林纲(2020)对防疫标语的音节情况进行了统计分析。原慧艳(2020)认为在语音方面韵脚和谐自然,声调平仄相间,这对于标语的朗读和传播有着积极的作用;在词汇方面,所用词汇大多为口语,语感或强硬或幽默;句式多样,非主谓句较多;修辞手法上采用了比喻、拟人、夸张、对偶、排比、谐音、反语、顶真等多种方式。防疫标语的艺术性体现了汉语的巨大魅力,但是某些标语负面性较强也值得反思。下面我们先来看从传播学角度是怎样探讨这些问题的。

二、传播学角度的分析

对于传播媒介的防疫标语,董洪杰、周敏莉、王若嘉、谢方琦(2020)以2020年初的防疫标语为研究对象,梳理了防疫标语的传播方式,认为深入研究标语使用和传播规律,可以更合理地运用标语参与社会管理和协同合作。刘国强、粟晖钦(2020)对防疫标语总结出三种主要文本框架:心理震慑框架、亲情感化框架、家国教化框架。其中提到包含"鸿门宴""阎王殿"等词汇的心理震慑框架的标语竟然占到75.3%,可以看出,虽然这类标语不是那么的"友好",但是从标语的使用来看,这类标语数量众多,原因是什么?我们在后面的博弈均衡分析中从理论上解释了这一点。

戴新月(2020)从社会心理认知语境的角度进行探索,希望为未来的公共卫生事件的风险沟通提供理论和路径支撑,其中提到了应该"克制使用战争隐喻"和"避免归咎引导"等建议,对风险信息的传播从受话方的认知方式层面进行了详细分析。张德胜、彭晨(2020)提到了防疫标语传播中的"过度联想""语言暴力"和"泄露隐私"等缺点,认为应要合乎"法理""道理"和"情理"。钟耀林(2020)提出引入传播学的"受众本位"理念,反思"传者本位"陈旧宣传观念,与前面文章的结论有着异曲同工之妙。总之,三者都希望防疫标语更为合理和有力。

先行关于防疫标语的研究从语言学和传播学角度都有着比较有深度的挖掘，对于理解标语的使用有很好的启示，然而其中还有些方面可以通过博弈论的方法会得出更为清楚的结论。如为什么有些"硬核标语"对防疫有利，而有些"硬核标语"非但对抗疫有利反而有害，其原因到底是什么，哪些措施可以保证防疫标语的制定更为科学等，这些都可以采用博弈分析的方法来尝试解决。

第二节　分析防疫标语的博弈论方法

为了对防疫标语的效用和演变进行博弈分析，在这一小节简单介绍一下博弈论的知识，以及博弈论视角下对防疫标语内容的类型再划分。

一、博弈理论的使用

博弈论在经济学中使用最广，因为其主要分析竞争状态下的"收益"及"对策"，同时，博弈论在国际关系、社会学、生物学等学科中也有着广泛的应用。在语言学中博弈论也有着积极的尝试，我国语言学者在2011年（向明友、夏登山，2011）就对博弈论和语用学的结合研究进行了述评。本章从大方向来看，也是从博弈论的角度对语言的使用进行研究。

博弈理论中，分析的因素通常包括博弈的参与者、参与者采取的行动策略以及各参与者的收益等，通过分析这些因素，计算博弈最后的结果或者均衡到底是什么，从而了解到博弈背后的实质并给出建议。关于博弈的参与者，通常假设为"理性人"，即参与者对自己的行为结果有理性的判断。拿防疫标语来说，标语制定者若不理性，则可能不计后果地编纂口号,从传播学的角度来说,是过于"传者本位",从而可能制定的标语引人反感,出现诸多负面效果。而另一个参与者,即看到标语的普通民众,若是非理性的,则根本不遵守标语给出的建议,自己不计后果,随心所欲,这样的情况也无法进行博弈分析。

参与者采取的行动策略往往有多种。拿防疫标语的制定者来说,标语内容的选择往往由制定者决定,内容既可以为强硬震慑,也可以为柔性劝说。为了博弈分析的方便性,我们既可以简单地归类为"强硬"和"柔和"两类,也可以将所有的标语内容归类为一个从柔和到强硬的语义连续统,我们将在下一小节结合标语的具体内容进行说明。参与者的收益是根据自己的行动策略所得到的。例如,民众决定了采用"出门"的策略,出门后在某些场合若被人感染,那么此时这个行动策略的收益就是负的,然而,如果出门后未被感染,则该民众认为出门享受了自由和新鲜的空气,则此时"出门"策略的收益就是正的。也就是说,决定是否出门,参与者的决定会考虑自身的收益情况。

均衡是在各参与者的博弈状态下的一个最终结果分析,这个结果往往不以参与者的意志为转移,是自然达成的。了解到均衡结果,对于参与者制定行动策略有着积极的影响,参与者从而可以制定出相应的最优策略,纳什均衡是博弈论中最常用到的一个概念。由于参与者对于信息的掌握程度不同,我们对于纳什均衡有进一步的拓展。在信息透明的情况下,一般分析的都是完美信息博弈。了解了博弈理论的基本概念,下面我们来看一下民间防控语言的内容及其特征,然后运用博弈模型对其产生的效果进行分析研究。

二、博弈论视角下防疫标语的类型

我国民间防控语言具有朗朗上口的特征,这样也是为了便于人们记住,促使人们做出相应的正确决策。在形式上主要有打油诗、顺口溜等形式。为了博弈分析的便宜性,我们根据内容对标语主要采用"强硬"和"柔和"的分类方法,"强硬"往往指的是内容严厉,在语义上大部分体现出"不服从会有哪些后果"的内涵。"柔和"往往指的是温暖人心,劝人向善,在语义上大部分体现出"服从会有哪些好处"的内涵。下面我们举例说明。

"强硬"式的标语:"不戴口罩乱聚集,家人含泪过头七""今年上门,明年上坟""出门聚会的都是无耻之辈""一起打麻将的都是亡命徒""湖北回来不报告的都是定时炸弹""带病回乡,不孝二郎;传染爹娘,丧尽天良""你把门串,疫情扩散,逮捕法办""聚餐就是找死,拜年就是害人""偷吃野味,黄泉C位;蝙蝠炖汤,棺材反光""隐瞒症状不上报,黄泉路上提前到"等。

"柔和"式的标语:"亲戚不走,来年还有;朋友不聚,回头再叙""不聚餐是为了以后能吃饭,不串门是为了以后还有亲人""总说忙,趁现在在家好好陪陪孩子吧""如何算孝顺,看住爸妈不出门""养老金能拿多久,取决于你最近出门的次数""预防千万条,口罩第一条""口罩你不戴,病毒把你爱;口罩戴得快,病毒说拜拜""这个春节莫瞎串,情谊不在一顿饭;这个春节莫乱跑,传染肺炎不得了;病情现在已扩散,严控死守要防范;微信拜年发视频,理到情到更好玩;多消毒来勤洗手,戴好口罩不传染;相信专家和医生,莫听谣言莫瞎传""宁把脑袋睡扁,绝不出门冒险""人生在独处中升华,寂寞是一种美丽""期待疫情退散,我们一同和武汉的樱花迎接期待的春天"等。

虽然防疫标语在形式上基本都采用了老百姓喜闻乐见的打油诗、顺口溜甚至现代诗歌等形式,读来朗朗上口,有的平仄押韵还较规范,但是语义特征上却不尽一致。当然,标语内容不仅仅是两个极端,其还呈现一种连续统的特征。看下面的一些防疫标语的核心词汇:黄泉>法办>丧尽天良>冒险>回头再叙>寂寞是一种美丽。最左边的词汇表现得更"强硬",越往右越"柔和"。这对博弈的参与者来说,标语制定者可以有多种策略,最核心的就是"强硬"或者"柔和";对看到标语的普通民众来说,可能看到"柔和"的标语会服从,也可能觉得标语太柔和而对于政策不屑一顾,看到"强硬"标语时,可能吓一跳而服从,也可能认为该"强硬"标语是"不可置信的威胁"而不管不顾。

有了这些基本的了解,我们就可以在博弈理论的视角下对民间防疫标语的使用及效用进行探索和分析。我们主要考虑两类博弈:标语制定者与民众间的博弈;民众与民众间的博弈。

第三节　标语制定者与民众的博弈

细看防疫标语的内容,其核心都是"条件"与"结果"的关系,即在博弈中策略的选择与收益问题。"柔和"的劝告,是建议人们选择正确的策略,然后获得更好的收益;"强硬"的劝告,是建议人们摒弃错误的策略,剔除严格劣势策略,增加收益。人们往往会有自己的判断,在策略的选择上会根据自身情况来决定,并非完全听从。因此,我们从博弈论角度来分析这个问题,分析的角度之一是说明标语内容对个人的策略选择影响有多大,看到标语后个人的最优策略是什么;分析角度之二是反过来,从个人的策略选择问题,分析采用怎样的标语形式更为有效和妥当。

我们在第二节提到了博弈具有参与者、参与者采取的行动策略、各参与者的收益和均衡等因素。我们这里具体说明:该博弈的参与者指的是博弈中选择行动以最大化自己效用的决策主体,在关于疫情中语言的使用方面,主体可以分为这样两部分:一方是标语制定者(官方),另一方是民众(个人)。参与者采取的行动策略是参与者选择行动的规则,表示参与者在什么时候选择什么行动。在这里,标语制定者的行动策略可以分为"柔和"和"强硬",而看到标语者的民众(个人),既可以选择听从(居家隔离),也可以选择不听从(出门)。

一、博弈收益矩阵的设定

假设 $a>0$,$b>0$,$u>0$,$v>0$,$w>0$,$r>0$,用来表示民众和标语制定者的收益,a 表示"自由"的收益;u 表示"不冒险"的收益;v 表示"不被惩罚"的收益;b 表示标语含义影响的收益,语言过激影响为负,语言优美影响为正;w 表示"人员不聚集"带来的社会收益;r 表示"心理"的收益,这个稍后继续说明。博弈矩阵如表 8.1 所示。

表 8.1　　标语制定者与民众的完全信息静态博弈 1

民众		标语制定者	
		强硬	柔和
民众	出门	a−u−v,−b−w	a−u,b−w−r
	居家隔离	−a+u,−b+w	−a+u,b+w

当民众选择"出门"策略时,享受了自由,因此有正向收益 a,但是同时冒着被感染的风险,因此收益 u 为负;如果选择"居家隔离"策略,失去了自由,收益为 −a,但是没有被感染的风险,因此收益 u 为正;另外,如果强硬标语的内容是可置信的,或官方真会采取相应强硬措施,那民众随意出门可能会被惩罚,收益为 −v。对于标语制定者来说,采用"强硬"的语言策略,如果民众选择了"居家隔离"策略,此时虽然语言具有一定的负面影响(−b),但是有"人员不聚集"的收益,因此收益为(−b+w),而即使使用了强硬的语言,民众认为这是"不可置信的",依旧采用"出门"策略,那么该标语不但没起到震慑的作用,且具有负面的含义影响,造成的收益为(−b−w);如果标语制定者采用了"柔和"策略,采用了较为

第八章 博弈论视域下民间防疫标语的效用及演变探析

优美和谐的语言,且民众若采用"居家隔离"策略,其收益为(b+w),这是最理想的状况,然而如果民众采用"出门"策略,其收益较为特殊,为(b-w-r)。这是因为,一方面由于人员聚集造成感染概率增加(-w);另一方面,可能造成标语制定者"心理"的挫伤,就像一个人生气了却隐忍,会对心理甚至身体健康造成一定的负面影响(不能因此就认为标语制定者是自私的,因为他们也可能是为了公共的利益,也是传播中"传者本位"的体现)。

对表8.1的收益矩阵进行简单观察,难以发现博弈的均衡结果。这是因为,对于民众来说,有的人认为"生命最可贵",有的人却认为"生命诚可贵,自由价更高"。对于标语制定者来说,不管民众采用"出门"策略,还是采用"居家隔离"策略,标语制定既可能以"柔和"策略为佳,也可能以"强硬"策略为佳。因此需要通过较为深层的博弈分析方式对博弈的结果进行探讨。

二、可置信情况下民众行为的复制者动态

要想分析出民众的行为和标语使用演变的情况,需要进行一个演化博弈复制者动态的分析。我们假设,在 t 时间,"强硬"标语的比例为 $p^t(0 \leq p^t \leq 1)$,那么说民众采用"出门"策略的平均适应值可以表示为:

$$p^t \cdot (a-u-v) + (1-p^t) \cdot (a-u) = a-u-p^t v \quad (8.1)$$

而在 t 时间民众采用"居家隔离"策略得到的平均适应值为:

$$p^t \cdot (-a+u) + (1-p^t) \cdot (-a+u) = -a+u \quad (8.2)$$

借助复制者动态分析,当采用"出门"的适应值大于采用"居家隔离"的适应值时,即:

$$p^t < \frac{2(a-u)}{v} \quad (8.3)$$

民众在接下来的时间里采用"出门"策略的人会越来越多。反之,则为:

$$p^t > \frac{2(a-u)}{v} \tag{8.4}$$

民众在接下来的时间里采用"居家隔离"策略的人会越来越多。理论上还存在 $p^t = \frac{2(a-u)}{v}$ 的情况,此时采用"出门"和"居家隔离"策略的人数比例保持不变。

从前面的分析得出的结论是,在疫情严重时期,采用足够比例的"强硬"式标语是必须的,否则越来越多的民众可能会采用"出门"策略,增加社会的危险。当然这种分析是建立在"强硬"策略标语可置信的基础上的。而采取多少比例的"强硬"式标语,与收益 a 呈现正相关关系,而与 u 和 v 呈现负相关关系。

三、不可置信威胁下的分析

当"强硬"标语策略的内容十分过激,或者官方没有相应的管制措施,民众看到这类标语认为是不可置信的威胁时,此时博弈会产生一定的变化,下面来看一下这类情况,如表 8.2 所示。

表 8.2　　标语制定者与民众的完全信息静态博弈 2

		标语制定者	
		强硬	柔和
民众	出门	a−u, −b−w	a−u, b−w−r
	居家隔离	−a+u, −b+w	−a+u, b+w

由于不存在"被惩罚"的危险,此时民众出门的收益为 (a−u)。假设在 t 时间,"强硬"标语的比例为 $p^t(0 \leqslant p^t \leqslant 1)$,那么民众采用"出门"策略的平均适应值可以表示为:

$$p^t \cdot (a-u) + (1-p^t) \cdot (a-u) = a-u \tag{8.5}$$

而在 t 时间中民众采用"居家隔离"者得到的平均适应值为:

$$p^t \cdot (-a+u) + (1-p^t) \cdot (-a+u) = -a+u \tag{8.6}$$

借助复制者动态分析,当采用"出门"的适应值大于采用"居家隔离"的适应值时,即 a>u 时,接下来的时间采用"出门"策略的人会越来越多;反之,当 a<u 时,接下来的时间采用"居家隔离"策略的人会越来越多;当 a=u 时,两者比例保持不变。在不可置信的威胁下,民众做出决定与标语的内容无关,只考虑自身的收益,即自由的收益和危险的收益的大小,因此说,如果标语内容极不可信,或者官方没有相应措施,标语无效且浪费时间金钱,是得不偿失的。另外,也可以解释,当疫情形势变好时,危险性降低,a>u 的可能性增加,越来越多的人会选择出门。

四、标语策略的复制者动态

接下来,我们来看在民众采用"出门"或"居家隔离"策略时标语的制定策略。这里还是借助表 8.1 进行一个演化博弈复制者动态的分析。假设在 t 时间,"出门"策略群众的比例为 $q^t(0 \leqslant q^t \leqslant 1)$,那么标语制定者采用"强硬"策略的平均适应值可以表示为:

$$q^t \cdot (-b-w) + (1-q^t) \cdot (-b+w) = -b + w - 2q^t w \quad (8.7)$$

而在 t 时间标语制定者采用"柔和"策略得到的平均适应值为:

$$q^t \cdot (b-w-r) + (1-q^t) \cdot (b+w) = b + w - q^t r - 2q^t w \quad (8.8)$$

借助复制者动态分析,当采用"强硬"的平均适应值大于采用"柔和"的平均适应值时,即 $q^t > \frac{2b}{r}$ 时,也就是说,当有一定比例的民众采用"出门"策略时,标语制定者必须采用"强硬"标语策略才能取得更好的社会防疫效果;当 $q^t < \frac{2b}{r}$ 时,标语制定者更多地采用"柔和"标语策略;当 $q^t = \frac{2b}{r}$ 时,策略不变。

一个极端的情况,标语制定者是个极端的善者,永不生气发火,那么其最佳的策略非常明显,那就是采用"柔和"策略(见表 8.3)。

表 8.3　标语制定者与民众的完全信息静态博弈 3

		标语制定者	
		强硬	柔和
民众	出门	a−u−v, −b−w	a−u, b−w
	居家隔离	−a+u, −b+w	−a+u, b+w

五、综合的相图分析

通过前面的分析我们发现，标语的使用状态与标语制定者的策略和民众的是否服从具有很大的关系。下面我们结合表 8.1 运用博弈相图的方式对两者的博弈以及策略的演变进行一个更为直观的说明（见图 8.1）。

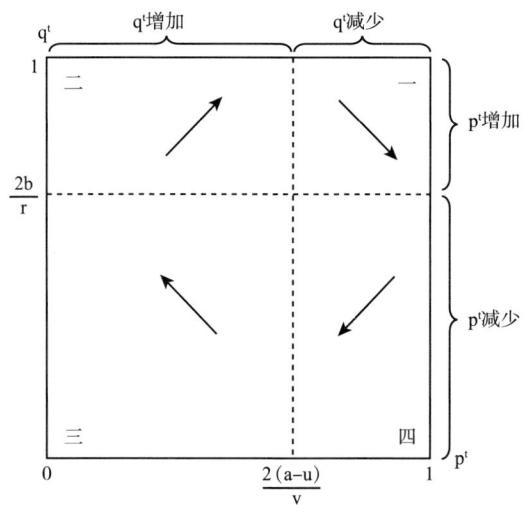

图 8.1　标语制定者与民众博弈策略变化相图

在该相图中，横轴用来表示 p^t 的值，纵轴用来表示 q^t 的值。$p^t = \frac{2(a-u)}{v}$ 和 $q^t = \frac{2b}{r}$ 的交叉点是理论上的均衡静止点。以静止点为基准周围为四个象限，其中的箭头表示群体结构的运动方向，以第一象限来说，它包含 $p^t > \frac{2(a-u)}{v}$ 和 $q^t > \frac{2b}{r}$ 的群体结构，在前面的分析中，当 $p^t > \frac{2(a-u)}{v}$ 时，表示民众采取"出门"策略的人越来越少，是一个下降的趋势；当 $q^t > \frac{2b}{r}$ 时，标语制定者采取的"强硬"式标语越来越多，比例是一个增加的趋势，反映到相图第一象限中即如箭头所指。同理，亦可分析出第二、第三、第四象限的群体运动方向。

根据分析，我们发现一个有意思的现象，就是群体呈现一个循环运动的景象：当"强硬"标语增加时，采用"出门"策略的民众会越来越少，"出门"民众少到一定程度，"强硬"标语比例也相应减少，而当"强硬"标语减少到一定程度时，采用"出门"策略的民众又会越来越多，当"出门"民众越来越多时，"强硬"标语又呈现增加的状态，如此循环往复。因此，在本博弈中，虽然存在静止点，但是难以到达。另外，其他类似的标语博弈也可用此理论来解释，如计划生育标语、安全交通规则标语、文明旅游标语等，往往是不遵守规则的人越多，标语越"强硬"难听，而遵守规则的人多了，标语内容也变得"文明"了。

第四节　标语内容影响下民众与民众间的博弈

虽然标语有一定的影响，但是人有的时候会有从众心理，会根据别人的行动做出自己的行动。这一节我们来探讨一下民众与民众间的博弈。博弈的参与者为民众，行动策略均为"出门"和"居家隔离"，虽然防疫标语提出了要求，但是民众会看其他民众的做法，然后做出行动判断。下面我们来说一下个人与个人间的博弈，由于博弈情况相对简单，为了理解的便宜性，收益用数值来表示。

假设人们认为"自由价更高"（某些西方国家的人们就是这么想

的),此时的收益矩阵如表8.4所示,因为此时人们出门是希望能够见到亲朋好友,因此不管标语如何宣传,如果朋友出门,那么自己也出门,互相见到高高兴兴,各自收益为5;如果朋友没出门,而自己出门,虽获得了自由和新鲜空气,但是由于没见到朋友,则收益为2,而朋友隔离在家里,没有享受新鲜空气和自由,收益为-5;如果双方都选择"自我隔离"策略,收益均为-5。很明显,根据收益,此时博弈存在纳什均衡策略为(出门,出门),双方都会选择出门的策略。在存在"人传人"情况的疫情背景下,这也解释了为什么某些西方国家疫情难以控制的原因。另外,在疫情风险等级不高的情况下,天天喊"战时状态"也是立不住脚的。

表8.4　　　　　　　　　民众与民众间的博弈1

		个人2	
		出门	居家隔离
个人1	出门	5, 5	2, -5
	居家隔离	-5, 2	-5, -5

我们再来看另一种民众和民众间的博弈,就是人们认识到"生命诚可贵"而且"比自由要高"时,此时博弈的收益矩阵产生了一些变化。此时防疫标语的强硬和政府的果断措施引起人们的认真思考,认识到了疫情的严重性,此时收益矩阵如表8.5所示。

表8.5　　　　　　　　　民众与民众间的博弈2

		民众2	
		出门	居家隔离
民众1	出门	-10, -10	-5, 5
	居家隔离	5, -5	5, 5

表8.5中列出的是在人们认为出门会被感染情况下的收益矩阵,当两个人都出门,聚集可能会引起互相传染,此时双方收益均为-10;而当一方居家隔离,另一方出门时,居家隔离一方认为自己不会被传

第八章 博弈论视域下民间防疫标语的效用及演变探析

染,收益为5,认为出门者会被感染,收益为-5;认为双方都居家隔离,收益各为5。很明显,此时的博弈存在的纳什均衡策略为(居家隔离,居家隔离)。因此,防疫标语十分强硬时,人们认为疫情已经到了不可忽视的程度,居家隔离才是最佳的选择。

根据前面的分析,我们可以得到这样的结论:当民众和民众博弈时,基于从众心理,若防疫标语的内容过于柔和,人们往往认为"自由价更高",此时存在的纳什均衡为(出门,出门),会造成疫情的失控;而如若防疫标语内容强硬,对民众具有"震慑"作用,则纳什均衡为(居家隔离,居家隔离),对疫情防控有着积极的效果。

但是,"居家隔离"并不是长久之计,自由对人们有着恒久的吸引力,随着疫情的缓和,标语的内容也逐渐缓和,此时的标语虽然还是劝说大家,但语气缓和很多,如"戴口罩,勤洗手""少走亲少访友,不拥抱不握手,快见面快回走""家庭聚餐要减少"等。在此背景下,基于"自由"所带给人们的收益,收益矩阵会发生变化,同样,其均衡也会出现变化。2021年春节期间的走亲访友明显增多也可能与此有关。

综上所述,在博弈论视域下将民间防疫标语的效用及演变进行了较为深入的探讨,主要是从民间标语"具有效用""语义循环往复""置信的效果"和"受群体影响"等方面得出一些结论,总之是希望通过这些探析,可以使防疫标语制定方面更为科学并最终使防疫标语成为阻止疫情的一项科学有效的方式。

第九章 经济学视角下的语言政策与语言规划研究

本章前三节借助经济学的视角，以 RCEP 国家的语言政策与语言规划为例，提出一个宏观研究的设想，尝试说明一些可研究的范围及未来规划，以期望这些研究将来可对经济合作、外贸往来和科技文化交流等方面带来实际的应用价值，也可以为我国语言政策和语言规划的制定提供参考。后两节是经济学视角下与语言政策和规划相关研究的一个初步设想。

第一节 运用经济学视角研究 RCEP 国家语言政策及语言规划的意义及可行性

一、研究的意义

区域全面经济伙伴关系协定（Regional Comprehensive Economic Partnership，RCEP），于 2020 年 11 月 15 日正式签署。该协定包括中国、日本、韩国、澳大利亚、新西兰和东盟十国。协定区域是目前世界上涵盖人口甚多，成员构成多元，发展极具活力的地区之一。该地区的语言极为多样，语言政策也是丰富多元，若能从经济学角度对该地区的语言政策和语言规划进行梳理和比较探究，从经济文化交流等

第九章 经济学视角下的语言政策与语言规划研究

角度来看则意义重大。

借助 20 世纪 60 年代开始且当前仍在国内外较为活跃的语言经济学跨学科的研究,既参考以往的研究成果,也在以往研究的基础上,结合与"人力资本理论""语用博弈论""网络外部性"和"语言距离"等理念相关联的新近语言经济学的研究进展,对语言政策和语言规划问题进行进一步探讨,在语言学交叉学科研究层面有一定的理论意义。

二、研究的可行性

语言政策和语言规划有时似乎难以做出严格的区分,因此常被统称为 LPP 研究(Language Policy and Planning),一般来讲,语言政策表现的是国家和社会团体对于语言问题的根本态度,而语言规划则通常是语言政策的具体体现。因此,可以认为语言政策比较宏观,而语言规划更注重于实际的具体措施和方法。为了展开课题的研究,我们需要对语言经济学视域下的语言政策和语言规划研究有一个大致的了解,同时还要了解与 RCEP 国家相关的一些状况。

(一)语言经济学视域下语言政策和语言规划的先行研究

语言学和经济学的跨学科融合研究,为语言学助力经济发展插上了翅膀。语言经济学还是一门较为年轻的交叉学科研究,自马尔沙克(Marschak,1965)提出"语言的经济学(The Economics of Language)"的说法以来,经过 50 余年的发展,逐渐形成体系。在语言政策和语言规划方面,学者们也展开了诸多探索,国外学者如 Vaillancourt (1983)、Church & King (1993)、Grin (1990,1992,2003,2012)、Edwards (2012)、Gazzola (2014)、Sperlich and Uriarte (2018) 和 Gazzola,Grin & Vaillancourt (2020) 等从语言经济学视角对语言政策和规划的诸多方面展开了讨论,主要包括"语言政策的成本与收益""双语制或多语制的效用及结果""少数民族语言的保护""语言教育政策""移民的语言问题"和"国际性组织的语言制度"等领域。语言政策和规划的目标就是通过解决语言问题增加社会福利水平。国内学者近些年也逐渐认识到运用经济学方法分析语言政策和规划的重要性，张卫国（2011），黄少安、苏剑（2011），黄少安、张卫国、苏剑（2017），赵世举、葛新宇（2017），张慧玉（2018），刘国辉、张卫国（2019）和付慧敏、洪爱英（2020）等都开始对经济学视角下探讨语言政策和语言规划的问题进行了介绍和说明。

（二）RCEP国家的语言政策和语言规划先行研究

就"语言政策"和"语言规划"为关键词而言，RCEP国家的相关研究是十分可观的，涉及语言学、文化学、民族心理等角度，我们根据地域文化相似性按照"东盟""韩日"和"澳新"划分进行一些梳理。

关于东盟十国的语言政策及语言规划研究，我国学者张居设（2011）提到，东盟国家大多具有两种或两种以上的官方语言，并探讨了其相关政策与启示。陈兵（2012）较为深入地探讨了东盟国家语言发展流变的历史、社会和文化动因，并运用社会语言学的多语理论模式解释和预测了广西与东盟国家交流的语言问题与前景。Omar（1992）、Hassan（1994）、Wee（2014）、Vivien（2017）和Marhum（2018）等诸多当地学者对东南亚的语言政策及语言规划尤其是在语言教育政策进行了很多探讨，Chu和Le（2020）还对语言政策较为成功的马来西亚、新加坡和印度尼西亚等国家通过定量统计等方法进行了比较分析。总体而言，东盟语言政策以促进国家经济发展为目标，有着适应不同的历史时期的语言政策。

韩日的语言政策研究，崔丽红（2012），尹悦、金基石（2019）对韩国的语言政策进行了梳理和总结，其解释的核心为国家意识、民族认同等理念。陈月娥（2011）评述了日本近代语言政策，韩涛（2015）探究了佩里来航事件对日本语言统一政策的影响，王璐、李宇明（2020）则从日本的"国语政策""文字政策""民族语言政策"和"外语政策"等方面，详细解读了日本语言政策的演变轨迹。韩日语言政策还有一个共同点是汉字的使用问题，文字的使用政策及规划也影响着两国其他层面的语言决策。

澳大利亚和新西兰虽然官方语言主要为英语，但在语言政策方面逐渐开始重视原住民语言，尽管力度两者有所不同，Amery 和 Buckskin（2012）、Biddle 和 Swee（2012）、Disbray 和 Loakes（2013）等对澳大利亚的原住民语言政策从教育等角度进行了研究。Harvey（2014）探讨了新西兰过去的语言政策今天是否仍然适用，新西兰也很重视毛利人的语言学习问题，在 2018 年新西兰对于毛利语的推动常见于报端。我国学者陈立鹏、张靖慧（2015），姚春林（2018），洪历建（2019）等探讨了澳大利亚原住民的语言保护以及双语政策等层面，李桂南（2001，2012）介绍了新西兰的语言政策，对新西兰少数民族的语言政策进行了说明，这些都有着一定的参考意义。

总体而言，RCEP 国家的语言政策和语言规划研究从传统的语言学、文化学和人类学等角度切入较多，而从经济学角度的切入还较少，而国际上从语言经济学角度切入 LPP 的研究已经比较广泛，如尝试从语言经济学跨学科角度入手对这些国家的语言政策和语言规划做出梳理和探讨，可对相关研究起到促进作用。"知己知彼，百战不殆"，了解了 RCEP 其他国家的语言政策和语言规划，可使我国的语言政策和语言规划研究有了合作博弈的前提，从而促进整个地区共同发展。

第二节 对 RCEP 国家语言政策及语言规划研究的目标及内容

本章从语言学和经济学跨学科的视角，对 RCEP 国家的语言政策和语言规划问题进行梳理和比较探讨,主要围绕语言经济学常涉及的这几个方面:语言政策的成本与收益;双语制或多语制的效用及结果;少数民族语言的保护;语言教育政策;移民或城镇化人口流动造成的语言问题;国际性组织的语言制度。从而对自由贸易区内各国的经济合作、外贸往来和科技文化交流等方面增添一臂之力,同时可以为我国的语言政策和语言规划提供参考。本章还尝试在自由贸易区建立的大背景下,为个人的外语学习策略提供新的建议,同时促进语言经济学跨学科理论的开拓。

研究可以从以下几个方面展开:

(1)语言经济学视域下的语言政策和语言规划可视化研究。

语言经济学领域经过50余年的发展,已有相当数量的文献,仅以中国知网总库为例,以"语言经济学"为检索词找到相关研究成果近900篇,国外文献更不胜枚举,运用可视化分析软件Citespace对文献进行统计研究,可对论文的时间、空间、领域、作者、期刊、主题以及高被引文献等方面进行了全面分析。而对其中的论文以"语言政策"和"语言规划"(包括英文以"Language Policy"和"Language Planning"为关键词的文献)进行检索与分析,既可以对相关研究进行新趋势和新动态的可视化识别,又可以对以往的研究进行分析整理,因此得出相关线索及进一步的研究方向。

(2)语言经济学视域下东盟十国的语言政策和语言规划比较研究。

东南亚国家联盟,简称东盟,包括印度尼西亚、马来西亚、菲律宾、泰国、新加坡、文莱、柬埔寨、老挝、缅甸、越南等十个国家。该地区语言丰富多元,存在双语制、多语制国家,如新加坡、菲律宾等。除重视本民族语言外,对于英语也十分重视,然而重视的情况却不同,有的把英语列为官方语言,有的列为一门外语。双语制、多语制的情况,必然会存在两种或几种语言间的使用竞争,运用语言经济学的视角对东盟各国的语言政策和语言规划进行比较同样具有参考

第九章　经济学视角下的语言政策与语言规划研究

价值。

（3）语言经济学视域下韩国与日本的语言政策和语言规划比较研究。

韩国与日本两国的语言政策随着历史的发展有着诸多演变，尝试从文字政策入手可以取得更多的突破。韩国和日本同属于汉字文化圈，自从两国发明了表达自己语言的文字以来，虽然基于民族心理等因素都排斥过汉字，然而，这两个国家在文字使用模式上走向了不同的道路，韩国今天几乎只使用谚文（韩文字母），而日本同时使用假名（日文字母）和汉字，且在2010年指定了2136个最常用的汉字。有些原因从语言经济学视角比较容易解释清楚，在第十章做出一些探讨。

（4）语言经济学视域下澳大利亚与新西兰的语言政策和语言规划比较研究。

澳大利亚和新西兰同属英联邦，主要沟通语言都为英语。近些年，新西兰越来越注意原住民语言的保护问题，新西兰原住民毛利人的语言毛利语是新西兰官方语言之一，且据2018年新西兰报纸报道，新西兰政府对毛利语的使用推动较大，而澳大利亚虽然也有人提议重视原住民语言，但相应的实际语言政策和语言规划较少，效果不明显。从语言经济学的视角也可以给出一个合理的解释和建议。

（5）语言经济学视域下RCEP国家作为第二语言的汉语与英语竞争研究。

人力资本理论常常用在语言经济学跨学科研究中，语言经济学认为语言不仅具有沟通交流的属性，同时还具有经济属性。作为RCEP协定中最大的经济体，中国软实力的影响也是十分巨大的，作为经济、贸易、科技、文化沟通的语言，也有着相应的一些影响，这就影响到了人们在第二语言学习上的考虑，同时在东盟一些国家华语的地位及教育策略也可能会做出一些改变。Grin（2003）曾对语言学习和劳动收入的关系提出一个经典分析方案，是使用"普通最小二乘回归"（简称 OLS）的统计工具，我们也可以通过改进该工具并结合收集到的数据对汉语和英语的情况进行统计分析。

（6）语言经济学视域下 RCEP 国家汉语传播策略研究。

在语言经济学的研究中，由于在经济贸易的交流中存在语言学习等因素的"成本"，"语言距离"会对双边的贸易额呈现一定的影响，因此"语言距离"的概念常常用于对国际贸易的研究中。近来的研究，已有学者通过"语言距离"对语言学习者的第二语言学习从听、读、写等单项能力进行了量化的语言迁移的考察，这对于汉语的国际传播有着十分重要的意义，在 RCEP 国家的汉语教学也可参考。

（7）语言经济学视域下的语言竞争与均衡研究。

在 RCEP 国家中，新加坡、新西兰、菲律宾等国均实行官方的双语或多语制政策，其他国家虽然不是采用官方的双语或者多语制，但是大多存在一个国家有多种语言的情况，语言不通势必造成经济文化交流的障碍，因此必然会出现不同语言间的竞争问题，随着经济社会发展，顺其自然的语言竞争往往会造成某些语言的消亡，这一点多个语言学家和社会学家进行过推演和实际调查，因此，若要维持双语制或多语制，以及保护境内的方言或少数民族语言，需要官方制订相关语言政策和语言规划，实现语言使用的均衡，从语言经济学的角度考虑不失为一个好方向。

（8）政策建议。

针对上述方面的研究，既对语言经济学跨学科的研究进行开拓性的建议，又可以对我国的语言政策和语言规划提供参考，这包括：与东盟国家合作时的语言沟通问题；与韩日合作时的语言沟通问题，尤其是文字问题；与澳新合作时的语言文化沟通问题；汉语在 RCEP 国家的传播策略问题；我国方言和少数民族语言的保护问题；等等。通过各国间语言政策和语言规划的横向比较分析，也可相互起到启示作用。

第三节 对RCEP国家语言政策及语言规划研究的思路及方法

就国内外从语言经济学跨学科视角对语言政策和语言规划的分析进行搜集整理是研究开始的基础。从而确定语言学习收益、语言规划的成本收益、语言教育政策、文字政策和双语制等众多研究对象。

语言经济学有许多研究理论，可以梳理出来的有：人力资本理论、边际理论、计量分析、外部性和博弈论等，主要是借助人力资本理论探讨语言学习收益问题，借助边际理论探讨语言政策和语言规划的成本收益问题，借助计量分析探讨语言教育政策问题，借助外部性探讨文字政策问题，借助博弈论探讨双语制和多语制问题。当然，随着研究的深入会发现诸多新的研究内容，当这些理论不能解决时，也需要借鉴语言经济学中的一些其他研究方法。另外，有时候理论与内容并非简单一一对应的，需要融合起来进行研究才能得到更有意义的结论。总之，通过对研究内容的确定，注入语言经济学的研究方法，从而得出有益的语言政策和语言规划建议与启示，最终形成可推广的成果（见图9.1）。

我们可以采用定量研究和定性研究相结合的方法。其主要是通过类似经济学中的数学建模、数据搜集分析等方法进行具体的研究。（1）数学建模法。通过建立方程等数学建模方式，推测某一类语言政策的影响，进而促进科学语言规划策略的制定。还可通过多元回归建模方法了解到真正影响到语言竞争的因素是什么，影响的力度有多大。（2）定量方法。使用统计方法和实验方法。通过这些方法，对语言政策和规划中遇到的某些问题进行定量的研究，通过搜集一手数据，对数据结果进行计量分析。（3）比较研究法。通过各个国家的语言政策对比，研究其异同和结果，探究其实质，发现规律，从而促

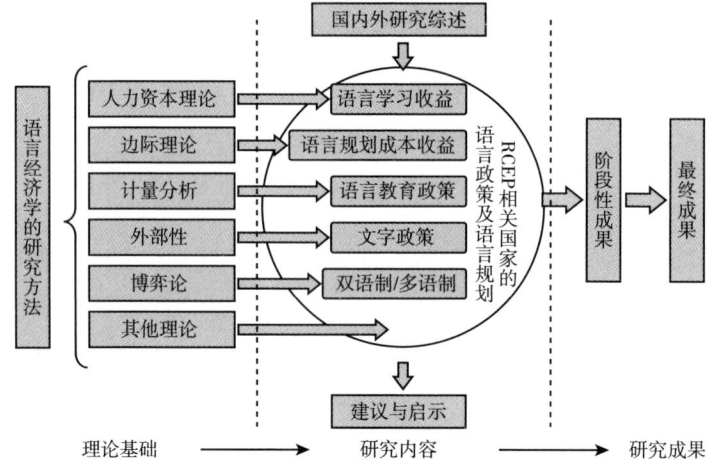

图 9.1　经济学视角下 RCEP 国家语言政策及语言规划研究思路

进我国语言政策和语言规划的完善。

通过深入研究取得相应成果，不仅对于语言学和经济学的融合可以创造一定的理论和实践积累，而且能够跟踪到国际交叉学科研究的学术前沿，拓宽社会语言学相关领域的研究。相关的研究成果可以给国家政府的语言政策及语言规划提供借鉴，增进区域间的相互了解，从而促进各方的经济文化交流，具有重要的现实意义。

第四节　经济学视角下东盟国家语言状况调查研究的一个设想

通过语言经济学的视角，可对东盟的语言使用状况进行分析，从而更好地推动中国与东盟的合作。从语言政策来看，东盟十国的语言政策各有其特点，或为极其重视英语的国家，或为极为重视本民族语言的国家，有将英语与本民族语言并列的国家，也有重视汉语的国家。语言的多样性也造成了这些国家经济的多样性，可通过经济发展状况、GDP 总量、人均 GDP 以及国际贸易额等因素，对其做一个语言与经济的关联分析。

前面是从宏观角度进行语言与经济关系的分析。另外，同一个国家、不同阶层使用的语言也不同，虽然有些国家以本民族语言为官方语言，但是另一些通用语言如英语、汉语在经济发展中起到了十分重要的作用，而且造成了人们收入的不同，东盟国家各类语言学习与收入的关系也是值得探讨的。

通过语言经济学的视角对东盟国家语言的使用状况进行分析后，探讨中国与东盟合作中语言的重要性，不同的合作对于语言有不同的要求，一方面可避免不必要的人才浪费，另一方面可促进国内高校专业设置的合理化。在中国与东盟合作语言人才培养中，可制订短期计划与长期计划：短期计划，可利用在东盟的中国留学生资源，这些学生对中国国情较为熟悉，同时也对自己所在的东盟国家的国情也较为熟悉，因此可有效协助国内企业在东盟的投资合作；长期计划，国内高校既可以适当开设东盟小语种教学，也可以采用"经济、法律类专业+小语种"的培养模式，避免因国情不同造成的一些经济损失，对于企业投资合作来说更为实用，还可以与东盟高校展开合作，采用联合培养的方式培养符合国家发展要求的复合型人才。

第五节 "看不见的手"与"看得见的手"：谈语言演变与语言规范

本节尝试分析一种语言规划的特殊情况，即关于语言演变和语言规范，运用经济学中常常提到的"看不见的手"和"看得见的手"的方法。政府在经济管理中的作用，常被称为"看得见的手"；市场所起的作用，常常被称为"看不见的手"。"看不见的手"最早由著名经济学家亚当·斯密提出，认为每个人在追逐个人利益时，无意中促进了整个社会的利益提升。总体来说，其强调了市场经济所起的重要作用。然而,"看不见的手"也有其弊端,需要有"看得见的手"来进行调控。

在语言使用中,同样存在"看不见的手"与"看得见的手"的问题。日常人们的语言使用中,会根据自身的利益使用一些特定的语音、汉字、词汇或者语法格式等,这些用法可能会因为某些原因逐渐流行开,促进了整个社会中语言的丰富程度。这些新出现的语音、汉字、词汇和语言结构等,有些符合语言发展的趋势,值得提倡,然而有些却并不符合社会约定俗成的规范,可能会造成语言使用的混乱,甚至有些还具有负面的影响,因此,对语言的规范此时有着重要的作用。

运用语言演变的观点分析汉语中语音、汉字和词汇等层面的演变问题,认为有一只"看不见的手"来实现语言的丰富多彩,也包括方言的存在与消亡原因,与其有着重要的关联。另外,"看得见的手"对于语言的发展也有着重要的作用,如第一次汉字简化方案的成功正是"看不见的手"与"看得见的手"的有机融合,而如果只重视一方面而忽视另一方面,就可能出现失败的情况。"看得见的手"与"看不见的手"要结合使用,熟悉双方的规律,才能有机融合,真正促进语言文字的发展。

总之,"看不见的手"与"看得见的手"不仅可以用在经济发展中,同时可以用在语言的使用与发展中。在语言演变及语言规范中,既要允许"看不见的手"的自由,又要用好"看得见的手"的规范,才会更好地促进语言文字的发展。

第十章　文字竞争的经济学分析

本章运用经济学的方法来探讨文字竞争问题。典型的文字竞争包括在韩国和日本的汉字使用问题，以及我国的简体字和繁体字之争的问题，本章对这两个问题尝试做出一个探索。

第一节　什么是文字的竞争

一般来说，任何一种语言的发展，都是先有交流用的口语，而后有书写用的文字。拥有文字的语言往往能够保存较长的时间，且甚至即使消亡一段时间，也有复活的可能，如希伯来语，正是由于大量书面文献的存在，使这种语言有了复活的基础。在文字的使用方法上，人类大致走向了两个方向：一种是表音文字，这也是世界上比较流行的文字，如英语、法语、韩语等，当前均使用表音文字；另一种是表意文字，如古代西亚的楔形文字、当今的汉字等。

所谓的文字竞争，最主要的一种竞争就是表音文字与表意文字的竞争，两者孰优孰劣，众说纷纭。表音文字的易书写性，在学习上有较大的优势，因为其书写的形式较少，如英语，仅有26个字母用来书写，因此许多人认为表音文字才是更有优势的书面语言。但是，在历史的发展过程中人们发现，表音文字在经历了较长的时间后，由于语言产生了许多变化，人们再去阅读过去用表音文字写成的作品时，已经很难理解。这时就发现了表意文字的优势，如汉字，即使是几千年前的文学作品，虽然语音上产生了变化，但是汉字的语义变化较少，人们还是可以理解古代的作品。然而表意文字也有缺点，即书写不便，学习的话也需要较多的时间用来记忆背诵等。

在表音文字与表意文字的使用上，人们似乎更倾向于表音文字，一些曾经使用表意文字的国家逐渐转向使用表音文字，如韩国和日本，曾经使用汉字书写本国语言，但在创制了本国的文字后，使用本国语言所著的书面作品多了起来，韩国的韩文、日本的假名，都属于表音文字。当然，韩文比较特殊，即韩文虽是表音文字，但却是语素文字，即一个音节表达一个意思，与汉字音节相似。在后面韩文和日文的文字使用竞争比较中，我们会进一步说明。汉语也曾尝试文字的表音化路线，最终结果却并不理想，但是由其产生的拼音方案在汉语学习及汉语教学上产生了较大的帮助。

简单来说，如果全世界只使用一种语言、一种文字，似乎是一种非常理想化的状态，当然，这在当前看来是不可能的。但是一些国家在文字使用的竞争中，采用了趋同化的方案，使用的文字方案与某种主流语言一致，如蒙古语，曾有自己传统的表音文字，即旧蒙文，然而在1937年以后，开始采用西里尔式蒙古文，即新蒙文。新蒙文所使用的新西里尔字母，与俄语字母是一致的，因此两者在相互的文字学习上有着较大的简便性。又如越南，曾使用汉字表示自己的语言，而在近代，逐渐转向世界上比较通用的拉丁字母文字。

关于文字的竞争，第二节主要讨论韩国和日本的文字使用情况，两者曾完全使用表意文字，也曾经使用汉字与本国文字相混合的文字书写形式。在现代，韩国基本走向了韩文单用的形式，而日本仍然采用汉字和假名混用的文字形式。是什么原因造成了这样的截然不同的结果，从经济学角度可以给出很好的答案。第三节探讨简繁之争，对简体字推广的优势从博弈角度给出了新的视角和新的看法，并对汉字使用中自然出现的一些现象给出了合理的解释。

第二节　韩日两国文字使用竞争的经济学分析

一般认为，韩国、日本和越南都属于汉字文化圈，在历史上，这些国家的文化历史等曾用汉字来记载。随着历史的发展，韩国和日本各自创造了自己的文字，并且至今各自的文字政策也在不断的变化发展中。笔者与导师（Li & Kim，2019）曾尝试做出一些分析，在本节中借助笔者的博士论文（Li，2017）对其未能展开说明的地方做一下补充，进而也可以相对清楚地理解第三节要叙述的内容。

一、韩日两国文字使用的历史及现状

（一）韩国文字使用的历史及现状

韩国语言的历史比较悠久，但是在《训民正音》诞生之前，其在书面语言上主要是使用汉字。《训民正音》是1443年由朝鲜王朝世宗大王与当时的优秀学者发明创造的，并于1446年正式出版。自此，韩国有了自己的文字系统。与汉字书写系统相比，《训民正音》一书制定的韩文属于表音文字，符合语音学的科学规律，在元音和辅音上有着非常科学的划分及书写规则，因此学习及书写起来较为简单，对促进人们的交流以及韩国的历史文化发展作出了较大的贡献。

尽管如此，韩国历史上受汉字影响较大，在之前所有的文化作品几乎全部是由汉字书写的，因此，当世宗大王开始推行韩文时，受到了较大的阻力，韩文并没有真正流行开。直至20世纪中期以来，韩国的学者们逐渐认为表音文字似乎比表意文字有着更易于传播及学习的优越性，因此，社会上对于韩文更加重视，在今天韩文单用已经成为主流。

关于是否废除汉字，自世宗大王创制韩文起，一直到近现代，论争持续不断，这种情况存在的主要原因是：韩语中虽有许多自身的固有词汇，但也存在着大量的汉字词，如果仅就日常生活而言，没有汉字也似乎并没有多大的影响，然而到了较深的层面，没有汉字似乎存在诸多的不便，因此完全主张韩文单用的学者甚至也希望加强汉字教育。综究其主要原因是韩语中的占较高比例的汉字词汇，据统计，韩语中的汉字词比例可达到52%~69%（Chun，2015），所以完全抛弃汉字而仅仅使用表音文字，学习者虽知道发音，然而对意义却难求甚解。在中国汉字的改革中，也遇到过这样的问题，中国曾经试图随从世界潮流将汉字拼音化，但著名语言学者赵元任先生的一篇《施氏食狮史》，使人们意识到汉字转化为拼音文字的不可行性，其原因是仅仅靠拼音文字，人们只可以了解常用的词语，而对于较为专业的书面词汇，人们要靠上下文揣摩才能理解，这大大加深了阅读理解的难度，有时即使揣摩了某些词汇仍可能完全不能理解。在汉语词汇较多的情况下，韩语情形有些类似，日常所用的韩语并没有太大的问题，而在难度较高的书籍中，理解程度多少会出现偏差，韩国大学的专业教材大都已经完全使用韩文书写，但是许多学生甚至该领域的一些学者对于一些内容也会经常说出"说的是什么，不太理解"的评论。与此相对比的是，许多初学韩语的中国留学生却能推测出某些词语的意义，这也印证了汉字教育的重要性。

在近些年，韩国政府意识到该问题，因此在中小学逐步恢复了汉字教学，并且有专门的汉字考试。总之，虽然文字混用及文字单用之争仍然在持续着，但是当前社会上报纸、书籍以及新闻的文字使用中，韩文单用已经成为主流。

（二）日本文字使用的历史及现状

在日本，最早也是用汉字来记载自己的语言的，时间最早追溯到多久远并无定论，然而可以肯定的是，汉字在日本的发展历程中，很多日本人逐渐开始用汉字表示日语的语音，直至出现《万叶集》。《万叶集》是一本日语的诗歌总集，收录了从公元4世纪到8世纪大概4000首诗歌。这本诗歌集虽使用汉字书写，但其中的汉字用途却并非完全表意，许多汉字是用来表音的。自此书逐渐发展出"万叶假名"系统，即今天的用草书形式书写的平假名系统。之后日本又出现主要用来表示外来语的片假名系统。

虽然日本出现了自己的文字系统，但是在历史的发展过程中，汉字却一直在使用，这与李氏朝鲜时代（1446年朝鲜王朝世宗大王颁布《训民正音》）发明了韩文（也称为"谚文"）以后却仍然使用汉字的情况是类似的。日语在发展的过程中，逐渐形成了以假名与汉字相结合的混用文字系统。

到了明治时代以后，也曾出现"废除汉字"和"减少汉字"的争论，期望减少汉字或废除汉字。到了20世纪中期，在当时"驻日盟军总司令部"教育使节团的建议下，曾尝试进行文字改革，最终结果仍是继续使用汉字，但颁布规定了1850个汉字的《当用汉字表》，限制汉字的使用字数。随着时代的发展，到了1981年颁布的《常用汉字表》，共1945字，到了2010年颁布的《常用汉字表》，达到了2136字。因此，汉字的使用非但没有减少，反而逐渐增多了。

（三）两者比较及存在的问题

日语和韩语均创造出了属于自己的文字，并且在历史上都曾试图使自己的文字单用化，然而结果却是不同的。在韩国，韩文单用成为主流，虽因为汉字的缺失，在实际使用中存在一定程度的问题，但是并未影响到韩文单用的基本趋势；而日本则相反，混用是主流，虽然假名已经较为普遍使用，但是汉字和假名混用仍是日本书面作品创作的主要文字手段。本章即从经济学及语言学的角度着手，对这个问题尝试作出较为科学的解释和说明。

关于韩国和日本在文字使用中的汉字问题，前面我们已经讨论了许多内容，总体来说，很难有一个定论。但是，对于韩语和日语，在语言学方面也可以作出一定的分析：韩语在创制上，采用了元音与辅音单独创制，然后相结合形成文字的方法。而日语的假名是元音与辅音的混合体，其本身就是文字。因此，韩语在转化汉字词汇时，其单字数量与汉字词基本上是一致的，而日语则并非如此。因此，日语在转化汉字时，占用篇幅更大，韩语虽有时需要加汉字注释，增加了文章篇幅，但平时此类问题很少。在本章的探讨中，语言学方面的这些内容也是需要考虑的。

二、研究的理论基础

先行的诸多研究成果都有很强的借鉴意义，但并不能真正理解今天所讨论的文字竞争现象，因此我们需要做出进一步的分析和研究。

在经济学理论中，生产者的目的是最大化自己的收益，同样，消费者也是花费一定的成本，追求自己效用的最大化。我们在这里也把社会分成了两种类型：一种是文学生产者，即各类文学作品的创作者，文学创作者的目的是自己的作品获得的读者越多越好，这里的作品是指广义的各类文字作品；而作为读者，要可以阅读某种作品，就需要掌握某一种语言文字，当然，一般来说，掌握的语言文字越多越好，因为可以阅读的作品也会更多，但是受制于时间、金钱、智力等因素，读者并不会掌握所有的语言文字，读者为了自己的效用最大化，会采取更适合自己的策略，其既可能会学习一种语言文字，也可能学习更多的语言文字。

经济学的建模可以解决语言学的某些问题，这似乎是毋庸置疑的。为了分析前面我们所说的文字混用和文字单用的问题，我们尝试用经济学的模型分析这个问题。

三、对 Li & Kim（2019）研究的一个简要介绍及讨论

李、金（Li & Kim，2019）通过建立数学模型，首先分析出了汉字学习者收益与不学汉字者收益的区别，只有在 $c_L < (\beta - \alpha)n_1 + (1 - \beta)n = c^0$ 的条件下，即学习汉字的读者效用更高的情况下，人们才会学习汉字，因为此时学习汉字的收益大于不学习汉字的收益。通过设立一个最高收益 C，读者的学习成本呈现一个平均分布的状态，如图 10.1 所示。根据维塞（Wiese，2015）的设定，汉字学习者的比例可用 $\dfrac{c^0}{C}$ 来表示。

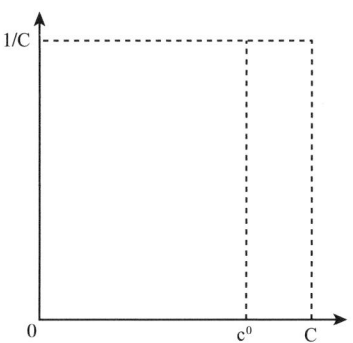

图 10.1　读者学习成本平均分布

确定了读者的效用情况，接下来就可以分析文学生产者的收益情况，文学生产者的收益希望的是读者阅读量的最大化，与汉字学习者的比例是相关的，当然也与相对认知度、成本等因素密切相关，具体收益方程式如下：

$$W = n_1\left\{m\left[\dfrac{c^0}{n} + \alpha\left(1 - \dfrac{c^0}{n}\right)\right] - c_1\right\} + n_2\left\{m\left[\dfrac{c^0}{n} + \beta\left(1 - \dfrac{c^0}{n}\right)\right] - c_2\right\}$$

(10.1)

经过整理分析，此方程的几何示意图如图 10.2 所示。

该方程式的二阶条件大于零，也就是说，文学生产者的收益存在

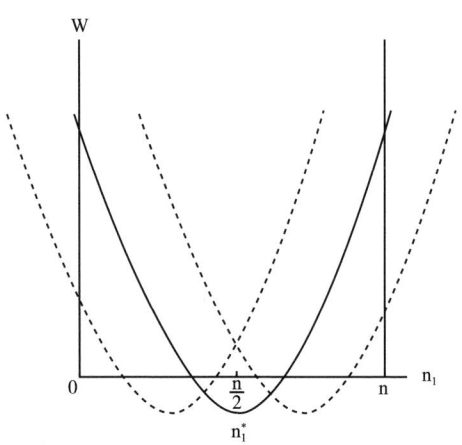

图 10.2 生产者收益几何示意图

最小值,而想要了解最大值的范围,存在这样两种情况:一种是当图像位置偏左时,在一定范围内的最右端取得最大值;另一种是当图像位置偏右时,在一定范围内的最左端取得最大值。从而作者根据求解得出这样的结论:根据成本$c_2 - c_1$与相对理解度、人口等因素相关联的收益$(\beta - \alpha)(\beta + \alpha - 1)q$的大小,会形成不同的文字使用策略。在韩国,由于$c_2 - c_1 < (\beta - \alpha)(\beta + \alpha - 1)q$的概率更大,因此会形成只使用本国文字即谚文的策略;在日本,由于$c_2 - c_1 > (\beta - \alpha)(\beta + \alpha - 1)q$的概率更大,因此会形成假名和汉字混用的策略。这里的情况其实也是边际成本和边际收益的对比,为了理解的方便,笔者在这里的分析中尝试加入了几何图形,可用图10.3中阴影部分面积的对比来表示:图形横轴表示人口数(读者数量),纵轴表示作品数量,当文字混用的作品改为本国文字单用创作时,读者的接受程度提升,文学生产者的收益提高,但是,由于文字单用作品数量的增加,学习汉字的读者数量减少,文学生产者的收益又有一定程度的降低,因此,文学生产者需要对两部分的收益进行对比以制订最优的策略,从而获得自身的最佳收益。

从经济学角度得出韩国和日本文字使用走向的结论后,两位作者

第十章 文字竞争的经济学分析

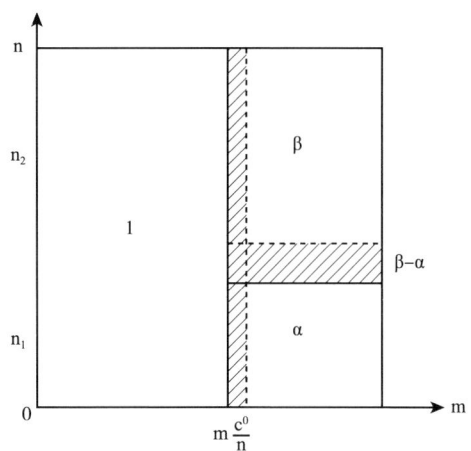

图 10.3 文学生产者边际收益与边际成本对比

又借助比较静态分析的方法，对文学作品的成本、相对理解度、人口等因素的影响进行了分析，从而在具体影响因素上对两国的文字使用有了更清晰的认识，可对两国的文字使用政策和规划给出一定的建议。下面我们展开做一些讨论。

具体地来分析韩国和日本的情况，作为一个文学生产者，既可生产混用文字作品，也可以生产单用文字作品。即韩国的文学生产者可生产韩文与汉字相结合的文学作品，如 20 世纪六七十年代的报纸、书籍等，大多使用混用文字著成，也可完全使用韩文生产文学作品。日本的文学生产者，既可生产汉字与假名混用的文学作品，也可生产完全使用假名的文学作品。作为消费者来说，即读者，母语是自身应要掌握的，而汉字可以选择学习，也可以选择不学习，是否学习，要根据理解度等自身的效用而定。

从前面的结论我们可以推测出，一个文学创作者会根据自己的收益大小采用两种不同的策略，这也从经济学意义上在一定程度上解释了为什么在韩国和日本出现截然相反的两种文字使用状况。在韩国，从混用文字到单用文字的转化中，由于转化的汉字词汇音节与韩文词汇的音节几乎是一一对应的，虽有时会有汉字标注，但在报纸书籍的篇幅上并没有大幅增加，从出版费用的角度来说，$c_2 - c_1$ 的值较小，走向文字单用的可能性更大，而对于日语来说，如果将汉字词汇转化为假名，那么报纸书籍的篇幅及出版费用等因素会大幅增加，因此 $c_2 - c_1$ 的值较大，转向文字单用的可能性要小于韩国。

在日本，虽然如政治类、学术类的文章使用汉字较多，但是图片较多的书籍，如娱乐、体育类文章使用汉字较少，这从前面的结论可以看出，因为政治或学术类作品使用文字较多，使用汉字时节省出的篇幅及费用更大，而娱乐、体育等作品，图片多文字少，此时使用汉字与不使用汉字费用差别不大，同时兼顾到理解度，使用假名是更优的策略。

另外，当考虑传承过去的文学作品时，读者学习汉字的收益会变成 $u_L = p + n_1 + n_2 - c_L$（p 表示过去完全用汉字写成的作品数量），不学习汉字时的收益仍然是 $u_N = \alpha n_1 + \beta n_2$，因为对过去的汉字文学作品完全看不懂，理解程度为 0，那么此时汉字学习者的比例也会相应有所增加。这样的话，如果对前面的公式重新分析，虽然总体结论与前面所描述的基本一致，但是作为读者，汉字学习者的比例增加；作为文学生产者，考虑到继承传统文化，创作文学作品时会加重对混用文字作品的创作。这是一个互动的结果，当很多文学生产者创作混用文字作品时，读者更倾向于学习汉字，而学习汉字的读者数量增加，文学生产者也会更愿意使用混用文字创作文学作品。与之前的韩文单用学者提倡的加强汉字教育不同，我们认为，只有有了文字混用的作品，读者才会产生学习汉字的动力，文字混用的作品越多，读者学习汉字的动力会越强，因此，在本国文字单用的大背景下，单独强调读者应该学习汉字似乎是不太可行的。

还可以进行一个简单的分析，前面的情况如果我们不考虑文学创作者的费用，那么文学创作者的收益方程式就变成了 $W = n_1 \left\{ m \left[\frac{c^0}{n} + \alpha \left(1 - \frac{c^0}{n} \right) \right] \right\} + n_2 \left\{ m \left[\frac{c^0}{n} + \beta \left(1 - \frac{c^0}{n} \right) \right] \right\}$，整理后得到 $W = \frac{m(\beta - \alpha)^2}{n} n_1^2 + [m(\beta - \alpha)(1 - 2\beta)] n_1 + (1 + \beta^2 - \beta) mn$，此方程式也

是一个开口向上的一元二次方程，因此最大值也可以通过比较 n_1^* 与 $\frac{n}{2}$ 或比较两个极值得出。通过计算，当 $n_1^* < \frac{n}{2}$ 或 $\pi(n_1 = n) > \pi(n_1 = 0)$ 时，即使用混用文字有更高的收益时，得到的结果为 $\alpha > 1-\beta$；当 $n_1^* > \frac{n}{2}$ 或 $\pi(n_1 = n) < \pi(n_1 = 0)$ 时，即文字单用有更高的收益时，得到的结果为 $\alpha < 1-\beta$。此时文学创作者需要考虑的只是读者对于某类作品的理解程度是怎样的，即比较 α 与 $1-\beta$ 的大小，在韩国和日本，使用本国的专用文字时，一般来说，接受程度 $\beta_{\text{韩}} > \beta_{\text{日}}$，因此 $1-\beta_{\text{韩}} < 1-\beta_{\text{日}}$。如果 α 的值基本一致，那么 $\alpha > 1-\beta_{\text{韩}}$ 的可能性更大，这样在韩国文字单用的可能性就会更高，而在日本，由于 $1-\beta_{\text{日}}$ 的值较高，因此 $\alpha < 1-\beta_{\text{日}}$ 的可能性更高，所以在日本使用混用文字的可能性要高于韩国。关于 α 的值，是否存在基本一致的可能呢？这需要对混用文字作品的语言结构进行分析，两个国家的混用文字作品中所使用的汉字，主要集中在实词，而两国本身固有的虚词、语法结构等因素都使用的本国语言，因此判断 α 的值差异不大是可信的。

前面通过读者的效用以及文学生产者的收益模型，探讨了在韩国和日本文字使用的竞争问题。基于收益的最大化以及韩文和日语假名本身的语言学特征，韩国的报纸书籍等出版物走向文字单用的可能性要大于日本。这也解释了为什么韩国的文字改革中，放弃汉字基本是成功的，而日本也曾经试图放弃汉字，然而汉字的使用非但没有减少，在某些方面反而呈现出增多的趋势，从语言学和经济学相结合的角度给出了一个合理的解释。

四、一个扩展的分析

上一小节的研究围绕一个生产者展开，有着重要的现实意义，体现了整个社会收益的最大化。在这一小节，我们尝试运用完全竞争市场的理论来进一步讨论这个问题,从而对韩国和日本的文字使用竞争有一个更为清晰的认识。

(一)模型的设定

首先关于符号的设定,我们与上一小节能保持一致的还继续保持一致,即 α 表示读者对于文字混用作品的理解能力,β 表示读者对于文字单用作品的理解能力,c_1 表示文学生产者使用混用文字生产作品所产生的单位费用,c_2 表示文学生产者使用单一本国文字生产作品所产生的单位费用,m 表示人口数。由于这里设定为完全竞争市场,生产者多名,因此有些模型符号需要进一步说明。

i:p 名文学生产者中的任何一名。n_1^i:文学生产者 i 的文字混用作品数量。n_2^i:文学生产者 i 的文字单用作品数量。那么,文学生产者 i 的作品总数就可以设定为 $n^i = n_1^i + n_2^i$。

n_1^{-i}:除文学生产者 i 以外的其他文学生产者生产的文字混用作品数量。n_2^{-i}:除文学生产者 i 以外的其他文学生产者生产的文字单用作品数量。同理,也可设定 $n^{-i} = n_1^{-i} + n_2^{-i}$。

总的文字混用作品数量可以设定为 $n_1 = n_1^i + n_1^{-i}$,总的文字单用作品数量可以设定为 $n_2 = n_2^i + n_2^{-i}$,因此,全体总的作品数量为 $n = n_1 + n_2$,也可以表示为 $n = n^i + n^{-i}$。

(二)读者的收益

读者的收益也与是否学习汉字有很大的关系,学习汉字对作品的理解力增强,但是要付出学习成本,不学习汉字对作品的理解力减弱但是不用再多余付出成本,学习汉字的读者的收益可以表示为 $u_L = n_1^i + n_1^{-i} + n_2^i + n_2^{-i} - c_L$,不学习汉字的读者的收益可以表示为 $u_N = \alpha n_1^i + \alpha n_1^{-i} + \beta n_2^i + \beta n_2^{-i}$,只有在 $u_L - u_N > 0$ 的情况下,读者才有动机学习汉字,此时有:

第十章 文字竞争的经济学分析

$$c_L < (1-\alpha)(n_1^i + n_1^{-i}) + (1-\beta)(n_2^i + n_2^{-i}) := c^0$$
$$\Rightarrow c_L < (\beta - \alpha)(n_1^i + n_1^{-i}) + (1-\beta)n := c^0 \quad (10.2)$$

像上一小节一样汉字的学习费用在 [0, C] 的范围均匀分布的话，汉字学习者的比例可以表示为 $\dfrac{c^0}{C} = \dfrac{(\beta - \alpha)(n_1^i + n_1^{-i}) + (1-\beta)n}{C}$，依旧假定这里的 $C = n_1 + n_2$。

（三）文学生产者的收益

还是以理解力或者说可阅读量来计算文学生产者的收益，收益方程式可以表示为：

$$\pi(n_1^i, n_2^i) = n_1^i \cdot \left[\frac{c^0}{C} \cdot m + \alpha\left(1 - \frac{c^0}{C}\right) \cdot m - c_1\right] + n_2^i \cdot \left[\frac{c^0}{C} \cdot m + \beta\left(1 - \frac{c^0}{C}\right) \cdot m - c_2\right] \quad (10.3)$$

为了求解该方程式，根据之前的符号设定，我们要了解 $n_2^i = n^i - n_1^i = n - n^{-i} - n_1^i$，代入文学生产者的收益方程式中，可得到：

$$\pi(n_1^i, n_2^i) = \frac{m(\beta-\alpha)^2}{n}(n_1^i)^2 + \left[\frac{m(\beta-\alpha)[(\beta-\alpha)n_1^{-i} - (1-\beta)n^{-i}]}{n} + \right.$$
$$\left. m(\beta-\alpha)(1-2\beta) + c_2 - c_1\right]n_1^i + \left[\frac{m(\beta-\alpha)(1-\beta)n_1^{-i}}{n} + \right.$$
$$\left. m(1 + \beta^2 - \beta) - c_2\right](n - n^{-i}) \quad (10.4)$$

（四）完全竞争市场下文字使用的竞争

由于上述方程式的二阶条件 $\dfrac{\partial^2 \pi(n_1^i)}{\partial(n_1^i)^2} = \dfrac{2m(\beta-\alpha)^2}{n} > 0$，因此该方程式依旧是存在最小值，且最大值在两端之一，根据一阶条件可求得最小值处

$$(n_1^i)^* = \frac{(c_1 - c_2)n - m(\beta-\alpha)(1-2\beta)n - m(\beta-\alpha)[(\beta-\alpha)n_1^{-i} - (1-\beta)n^{-i}]}{2m(\beta-\alpha)^2},$$

到底是文字混用收益更高还是文字单用收益更高依旧与中轴线有着密

切联系，当 $n_1^{i*} < \frac{n^i}{2}$ $\left(> \frac{n^i}{2}\right)$ 时抛物线向左侧（或向右侧）移动会得到 $n_1^i = n^i$（或者0），即文字混用（或文字单用）是文学生产者的最佳策略。因此，对 $n_1^{i*} < \frac{n^i}{2}$ $\left(> \frac{n^i}{2}\right)$ 求解后可知，满足 $c_1 - c_2 < \frac{m(\beta-\alpha)^2 n_1^{-i} - m(\beta-\alpha)(1-\alpha)n^{-i}}{n} + (\beta-\alpha)(1-\alpha-\beta)m$ 时文学生产者 i 的最佳创作方式是使用文字混用策略，而当 $c_1 - c_2 > \frac{m(\beta-\alpha)^2 n_1^{-i} - m(\beta-\alpha)(1-\alpha)n^{-i}}{n} + (\beta-\alpha)(1-\alpha-\beta)m$ 时文学生产者 i 的最佳创作方式是使用文字单用策略。

此时的条件还是较为模糊，算不上真正的求解，我们来看当文学生产者数量足够多时，最终达到怎样的生产均衡。下面我们先从采用文字混用策略开始进行讨论，对前面的公式条件进行进一步的推演。

$$\Rightarrow c_1 - c_2 < \frac{m(\beta-\alpha)^2 n_1^{-i} - m(\beta-\alpha)(1-\alpha)n^{-i}}{n} + (\beta-\alpha)(1-\alpha-\beta)m$$

$$\Rightarrow c_1 - c_2 < \frac{m(\beta-\alpha)^2 n_1^{-i} - m(\beta-\alpha)(1-\alpha)n^{-i}}{n^i + n^{-i}} + (\beta-\alpha)(1-\alpha-\beta)m$$

$$\Rightarrow c_1 - c_2 < \frac{q(\beta-\alpha)^2 n_1^{-i} - q(\beta-\alpha)(1-\alpha)n^{-i}}{\frac{n}{p} + n^{-i}} + (\beta-\alpha)(1-\alpha-\beta)m := CS_1^p \tag{10.5}$$

如果文学生产者的数量 p 无限多，那么前面的公式可以继续化简为：

$$\Rightarrow c_1 - c_2 < m(\beta-\alpha)(\beta-\alpha-1+\alpha) + (\beta-\alpha)(1-\alpha-\beta)m = \lim_{p \to \infty} CS_1^p := CS_1^\infty$$

$$\Rightarrow c_2 - c_1 > m(\beta-\alpha)\alpha := CS_1^\infty \tag{10.6}$$

这就是当文学生产者的数量足够多时，任何一文学生产者都会采取文字混用策略的界限。同理，文字单用的界限为：

$$\Rightarrow c_1 - c_2 > \frac{m(\beta-\alpha)^2 n_1^{-i} - m(\beta-\alpha)(1-\alpha)n^{-i}}{n} + (\beta-\alpha)(1-\alpha-\beta)m$$

$$\Rightarrow c_1 - c_2 > \frac{m(\beta-\alpha)^2 n_1^{-i} - m(\beta-\alpha)(1-\alpha)n^{-i}}{n^i + n^{-i}} + (\beta-\alpha)(1-\alpha-\beta)m$$

$$\Rightarrow c_1 - c_2 > \frac{m(\beta-\alpha)^2 n_1^{-i} - m(\beta-\alpha)(1-\alpha)n^{-i}}{\frac{n}{p} + n^{-i}} + (\beta-\alpha)(1-\alpha-\beta)m := CS_2^p$$

$$\Rightarrow c_1 - c_2 > -m(\beta-\alpha)(1-\alpha) + (\beta-\alpha)(1-\alpha-\beta)m = \lim_{p \to \infty} CS_2^p := CS_2^\infty$$

$$\Rightarrow c_2 - c_1 < m(\beta-\alpha)\beta := CS_2^\infty \tag{10.7}$$

也就是说，这是当文学生产者的数量足够多时，任何一文学生产者都会采取文字单用策略的界限。

按照韩国和日本的实际情况，可知 $\beta > \alpha$，因此，在完全竞争状态下的文字使用策略纳什均衡情况可用图 10.4 来表示。

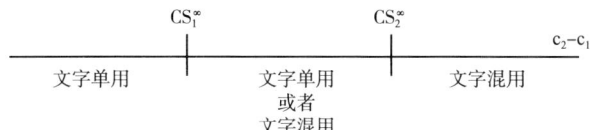

图 10.4　完全竞争市场时文字使用策略的均衡情况

根据前面的分析，我们可以得出这样的结论：在具有充分数量的文学生产者时，由于生产费用的差异，会存在两种纳什均衡。（1）费用差异小于 CS_1^∞ 的区域，均采用文字单用策略为纳什均衡；（2）费用差异大于 CS_2^∞ 的区域，均采用文字混用策略为纳什均衡。中间部分不明确。

（五）研究成果小结

本节试图用经济学理论来解释语言学中的一个难题。日本和韩国同属于汉字文化圈，虽在创造出本国文字以后，都曾试图废止汉字，但是在文字的使用上走向了两个截然不同的方向，这其中有语言学的部分原因，但仅仅从语言学方面做出的解释似乎还远不充分，因此本章尝试运用经济学的方法，提出一些新的见解。

语言经济学形成的时间虽然不长，但在语言和经济的关系方面做出了许多有益的成果。本章的分析研究，试图在语言学和经济学结合研究方面做出一点贡献。本章的研究并不是研究一般的语言，而是研究语言的载体：文字。运用经济学的理论方法来分析文字的竞争。

本节主要采用了需求选择理论，对社会中的垄断及完全竞争模型进行了详细的分析。首先分析了"垄断企业"，即只有一个文学生产者的情况，所谓的"一个文学生产者"，可以抽象认为一个国家的政府，或社会整体，"一个文学生产者"的策略，可以认为一个国家政府根据实际情况，制订最优的文字使用规划。这个文字策略制定者会根据读者对于两类作品的理解程度，以及生产两类作品的费用差异，制定出收益更高的政策。当然，如果一个国家想使某种文字占据主要地位的话，就可以对某类文字创作给予某些方面的支持，使之成为主导文字。其次，分析了存在多个同质的文学生产者时的情况，当社会上存在多个文学生产者时，根据费用及收益的相互关系，存在着使用混用文字还是使用专用文字的均衡界限。当低于某个界限时，使用混用文字是更好的策略，当高于某个界限时，使用专用文字是更好的策略。而在这两个界限之间，可能会走向完全使用混用文字，也可能是完全使用专用文字。在多个文学生产者竞争时，不仅要考虑读者的理解程度以及人口因素等，还要考虑其他的文学生产者生产的混用文字作品及专用文字作品的数量情况。

总之，本节运用经济学方法以及语言文字上的某些类型特征，在文字竞争的问题上做出了一些有益的尝试。但这个研究仍有不足，值得进一步探讨和分析。另外，本节分析的只是韩国和日本的文字竞争情况，而没有解决的关于文字竞争的问题还有很多，例如，中国的简体字和繁体字之争，有人主张使用简体字，有人主张恢复繁体字，也是存在着很大的争议。

第三节 简体字推广的经济学分析：来自博弈的视角

简体字和繁体字的使用之争一直是个值得讨论的话题，简体字的推广是国家语言文字使用的长期战略。本节借助经济学中的社会福利最大化原理、古诺纳什均衡及语言学尤其是文字学的一些知识，来对简体字和繁体字的学习和使用做一个分析，分析简体字和繁体字的使用策略及均衡情况，供将来官方语言政策制定时或个人文字学习和使用时进行参考。

自20世纪50年代推出简化字方案以来，对于简体字和繁体字的使用有诸多争论。汉字研究著名学者王宁（1997）曾探讨了20世纪汉字问题的争论，并对跨世纪的汉字研究给予了建议，还主张历史地看待"简繁之争"（王宁，2010）。王敏（2010）分析了简繁之争的舆情，对支持繁体字和支持简体字的双方观点进行了详细的论述。也有学者运用语言经济学的知识进行了简繁之争的分析，苏剑、黄少安（2013）根据切齐模型，将社区人群分成了简体字使用群体和接受繁体字使用的群体，认为即使政府推行繁体字，由于繁体字群体收益小，会放弃繁体字的学习，因此认为这种政策是无效的，并且也认为"繁简之争可能将继续争论下去，但是会越争越明"（苏剑、黄少安，2013）。

前人学者们的观点有着非常好的借鉴意义，是进一步研究的基础。我们的研究不同之处在于，不仅仅是讨论简体字和繁体字整体，还涉及了汉字本身的设计、相对认知度、简化汉字的特点以及其他一些国家也使用汉字的双边外部性问题,考虑所有这些方面的目的,是借助文字使用社会福利最大化的探讨,使简繁汉字之争的讨论更为深入,对于简化字推广有着一定的指导意义。

一、简体字推广的本质是文字使用社会福利最大化

看汉字的发展历史,可以认识到文字的演变其实就是一个追求社会文字使用效用最大化的过程,也可以称为文字使用社会福利最大化。从十分象形的甲骨文到金文,到篆书,到隶书,再到楷书,文字的使用并不是完全追求美的过程,而是追求书写速度优势,且传达思想无缺失即可的行为。从字形变化来举一个极端的例子,隶书本是奴隶书写用的文字,其出身并不高端,却逐渐成为当时文字使用的主流,后来的楷书也是简化了隶书的书写。另外,从造字法来看,形声字也是利用原有的字及音,进行造字,起到认知的简易性,这也是追求效用最大化的一种形式。

在以往的简繁之争中,繁体字提倡者提出一些如"爱(愛)无心""亲(親)不见"和"面(麵)无麦"等之类的说法,这种说法有一定的道理,但这并不代表所有的简化字都是这种失去了"文化"的类型,需要具体问题具体分析,追求文字使用社会福利最大化时需要考虑汉字本身的构造,在下一小节我们详细进行分析。简体字提倡者主要认为简体字简单实用,起到了文字扫盲的效果,利大于弊。我们认为,从本质上来说,两种观点并不矛盾,两者都是为了文字使用的"效用"最大化,两者的"对打",并算不上是互相接招,而是有"你打东我打西"的感觉:文化传承的观点认为繁体字在一些构造方面体现了中华的传统文化,可实现文字中文化效用的最大化,而简体字则无;简体字便于书写,尽快提升了人们的认字能力,体现出了文字的实用或书写效用。需要将两者统一起来的是,简体字如果在语义上已经实现了繁体字的功能,那么简体字在其他方面体现

的似乎就都是优点了,而如若简体字未真正实现原来繁体字的所有功能,则可值得进一步探讨。所以哪些简体字其实已经达到理想的效果,哪些未达到,这才是需要考虑的。我们接下来借助文字使用的社会福利最大化原则,以及汉字本身的构造及改革历史,对实现汉字使用效用最大化的路径进行预测和探讨。

二、怎样实现汉字使用社会福利的最大化:一个模型分析

李龙、金锦秀(Li & Kim,2019)曾运用文字使用社会福利最大化模型分析韩国与日本文字的使用,主要对两国汉字与本民族文字使用竞争的问题进行了探讨。在本节的研究中,我们依旧借助其中的某些概念,如"相对认知度""学习成本"等。简体字和繁体字也十分适合"相对认知度"的概念,如认识繁体字的人,对于一部分由繁体字简化成的简体字也是可以认知的;认识简体字的人,对于一部分有规律可以推理回去的繁体字也是认知的。当然,有一部分的汉字转化并没有规律,会使这种"相对认知度"出现问题。如果解决了"相对认知度"的问题,有些简体字和繁体字的矛盾也就迎刃而解了。为进一步说明这个问题,我们举一个极端的例子,就是《第二次汉字简化方案(草案)》,俗称为"二简字",仅从"相对认知度"来看,"二简字"与繁体字已经相去甚远,很难做到再从"二简字"推理认出繁体字。再一个就是关于"学习成本",即读者学习繁体字或者学习简体字所产生的成本。一般来说,繁体字在学习上由于笔画多、结构更为复杂等原因,其学习成本要大于学习简体字。

我们根据汉字的实际状况,通过改进 Li 和 Kim(2019)的模型,对我国的文字使用福利最大化做一个分析。首先对模型的符号做一个设定,假定简体字作品的数量为 n_1,繁体字作品的数量为 n_2,作品总量为 $n = n_1 + n_2$。简体字学习者的效用为 u_S,繁体字学习者的效用

为 u_T。根据"相对认知度",简体字学习者对繁体字作品也有一定的认知度,设为 α;繁体字学习者对简体字作品也有一定的认知度,设为 β。常理来看,α 与 β 都大于 0 且小于 1。学习繁体字比学习简体字多出来的成本设为 c_L。那么,简体字学习者的效用和繁体字学习者的效用可以分别表示为:

$$u_S = n_1 + \alpha n_2 \tag{10.8}$$

$$u_T = \beta n_1 + n_2 - c_L \tag{10.9}$$

当繁体字学习的效用大于学习简体字时,此时有:

$$c^0 = c_L < (\beta - 1)n_1 + (1 - \alpha)n_2 \tag{10.10}$$

借用维塞(Wiese,2015)的一个分析,这里的 c^0 可以理解为此状态下学习繁体字才有意义,并呈现出平均分布的特征,则 $\dfrac{c^0}{n}$ 可以理解为繁体字学习者的比例,$\left(1 - \dfrac{c^0}{n}\right)$ 可以理解为简体字学习者的比例。从前面的公式推导我们可以得出下面的推论。

推论 10.1:"相对认知度"不变,当简体字作品数量增加时,繁体字学习者比例会下降,繁体字作品数量增加时,繁体字学习者比例会增加;简体字和繁体字作品数量不变,当"相对认知度"α 上升,那么繁体字学习者比例会下降,"相对认知度"β 上升,繁体字学习者比例会增加。

设定社会总人口为 q,汉字使用社会福利最大化模型可以表示为:

$$\Pi_{\max}(n_1, n_2) = q\left\{n_1\left[\beta\dfrac{c^0}{n} + \left(1 - \dfrac{c^0}{n}\right)\right] + n_2\left[\dfrac{c^0}{n} + \alpha\left(1 - \dfrac{c^0}{n}\right)\right]\right\}$$

$$\tag{10.11}$$

为了解怎样的文字策略可使整个社会的文字使用福利最大化,需要对该方程进行求解,经整理后可得:

$$\Pi_{\max}(n_1, n_2) = \dfrac{(\alpha + \beta - 2)^2}{n}qn_1^2 + (1 - \alpha)(2\alpha + 2\beta - 3)qn_1 +$$

第十章 文字竞争的经济学分析

$$(1 - \alpha + \alpha^2)qn \tag{10.12}$$

方程的二阶条件为：

$$\frac{\partial^2 \Pi}{\partial n_1^2} = \frac{(\alpha + \beta - 2)^2}{n}(\,>0) \tag{10.13}$$

因此该方程式存在最小值，为开口向上的抛物线，最大值需要在一定范围内求解，了解了最小值的位置，可判断出在何位置取得一定范围内的最大值。最小值条件为一阶条件：

$$\frac{(\alpha + \beta - 2)^2}{n}qn_1 + (1 - \alpha)(2\alpha + 2\beta - 3)q = 0 \tag{10.14}$$

可得：

$$n_1^* = \frac{(\alpha - 1)(2\alpha + 2\beta - 3)}{(\alpha + \beta - 2)^2}n \tag{10.15}$$

根据抛物线的特征可知，当 $n_1^* > \frac{n}{2}$ 时，曲线在 $n_1 = 0$ 处取得最大值，此时条件为 $3\alpha^2 - \beta^2 + 2\alpha\beta - 6\alpha + 2 > 0$；当 $n_1^* < \frac{n}{2}$ 时，曲线在 $n_1 = n$ 处取得最大值，此时条件为 $3\alpha^2 - \beta^2 + 2\alpha\beta - 6\alpha + 2 < 0$。由此我们可做出以下推论。

推论10.2：在追求整个社会文字使用福利最大化的前提下，繁体字和简体字的竞争，最终会走向仅保留一种文字，即"书同文"，此时整个社会的文字使用效用才达到最大。而实现统一文字的关键因素，为 α 和 β 的值，即"相对认知度"。

我们通过对推论10.1和推论10.2进行综合分析，可以得出这样的结论：简体字的使用已经得到大多数人的认同，而为了使简体字取得进一步的优势，应提升学习简体字后对于繁体字的"相对认知度"，从而可自然地实现"书同文"。只有实现"书同文"，才能实现社会文字使用的效用最大化。

如果简化字方案十分科学且效用高，那么即使有人提倡恢复繁体字，其本质上也是行不通的，而如果简化字方案不科学，那么总会有人提出一些反对意见。可以说，目前的简化字方案总体来说具有科学性且收益占优,这也是为什么一些繁体字使用地区的人们也喜欢学习简体字的原因,如把"臺灣"写作"台湾"等(林琦芳、林华东 2020:3)。当然,并非所有简体字都科学且效用高,教育部 2013 年《通用规范汉字表》拟恢复 51 个异体字和启用 6 个繁体字,说明在坚持简化汉字政策的基本前提下,简化汉字仍然有值得继续探讨的地方,如考虑到前面的结论,对于极少量繁体字的恢复问题则可以有更科学的认识。该结论不仅对于文字的发展方向可增进一定的认识,同时对于将来简体字的学习者理解古代书籍,加强文化传承也有着一定的意义。

历史地来看,简化汉字主要分为两类:一类其实本来随着文字的使用演化成了简化字,我们姑且称为"自然简化字",这些汉字存在于中国历史的各个进程中,与所谓的"正体字"是同时使用的,只不过笔画更为简单一些,常称为"俗字""草体"等,占比重较大;另一类是根据某些规律新造的,我们姑且称为"人造简化字",占比重较小。需要我们继续做的是,对两类简化字进行全面分析,考虑其在当前文字使用中的数量及频率,了解哪些汉字在"相对认知度"上值较高,哪些汉字在"相对认知度"上值较低,其实,矛盾的集中点其实还是某些"相对认知度"较低的汉字,如果将这一类字的问题解决,则汉字问题似乎也就迎刃而解了。总之,文字共通,则整个社会的文字使用福利提高;而文字不通,则整个社会的文字使用福利降低。

三、理论上相互竞争状态下简繁汉字使用的古诺纳什均衡

以上是从社会整体角度来探讨文字使用的效用最大化时的讨论,但从目前的实际情况来看,大陆主要使用简体字,而台湾、香港和澳门等地区依旧主要使用繁体字,这就自然而然存在着两种汉字的使用博弈问题。这里我们仅从理论上推理出处于竞争状态下收益最大化时

第十章 文字竞争的经济学分析

的均衡情况,以供文字研究或语言规划参考。

(一)整体的考量

我们假设有文学生产者 A 和 B,A 为简体字使用地区,B 为繁体字使用地区。n^A 表示文学生产者 A 所著作品总数。n_1^A 表示文学生产者 A 所著简体字作品数量,n_2^A 表示文学生产者 A 所著繁体字作品数量。因此,文学生产者 A 的作品总数可用 $n^A = n_1^A + n_2^A$ 假定。我们这里还假设了文学生产者可利用两种文字生产文学作品。n^B 表示文学生产者 B 所著作品总数。n_1^B 表示文学生产者 B 所著简体字作品数量,n_2^B 表示文学生产者 B 所著繁体字作品数量。因此,文学生产者 B 的作品总数可用 $n^B = n_1^B + n_2^B$ 假定。α 表示简体字学习者对于繁体字作品的认知度。β 表示繁体字学习者对于简体字作品的认知度,这与上一节的假设是一样的。这时,以文字学习者的效用为基础,文学生产者 A 和 B 为了自身效益的最大化,形成一种古诺竞争态势。设定大陆人口为 q^A,台、港、澳等地区人口为 q^B,假设大陆简体字学习的人口比例为 j^A,繁体字学习的人口比例为 f^A,台、港、澳等地区学习简体字的人口比例为 j^B,繁体字学习的人口比例为 f^B,那么两者的收益可以用下列方程式来表示:

$$\Pi^A(n_1^A, n_1^B) = [j^A q^A + j^B q^B + \beta f^A q^A + \beta f^B q^B]\frac{n_1^A}{n_1^A + n_1^B} + [\alpha j^A q^A + \alpha j^B q^B + f^A q^A + f^B q^B]\frac{n_2^A}{n_2^A + n_2^B} \quad (10.16)$$

$$\Pi^B(n_1^A, n_1^B) = [j^A q^A + j^B q^B + \beta f^A q^A + \beta f^B q^B]\frac{n_1^B}{n_1^A + n_1^B} + [\alpha j^A q^A + \alpha j^B q^B + f^A q^A + f^B q^B]\frac{n_2^B}{n_2^A + n_2^B} \quad (10.17)$$

公式虽然看起来较为复杂,但是由于大陆主要实行简体字政策,台、港、澳等地区实行繁体字政策,因此可推知 $j^A \approx 1$,$j^B \approx 0$,$f^A \approx$

0,$f^B \approx 1$,因此公式可化简为：

$$\Pi^A(n_1^A, n_1^B) = [q^A + \beta q^B] \frac{n_1^A}{n_1^A + n_1^B} + [\alpha q^A + q^B] \frac{n_2^A}{n_2^A + n_2^B} \quad (10.18)$$

$$\Pi^B(n_1^A, n_1^B) = [q^A + \beta q^B] \frac{n_1^B}{n_1^A + n_1^B} + [\alpha q^A + q^B] \frac{n_2^B}{n_2^A + n_2^B} \quad (10.19)$$

两者呈古诺—纳什（Cournot - Nash）竞争状态，即每个文学生产者都要考虑对方的生产策略，然后制定自身的最佳生产方式，纳什均衡是相互的最佳反应。同时满足下列（n_1^A，n_1^B），即为纳什均衡结果。

$$\frac{\partial \Pi^A}{\partial n_1^A} = \frac{[q^A + \beta q^B] n_1^B}{(n_1^A + n_1^B)^2} - \frac{[\alpha q^A + q^B](n^B - n_1^B)}{(n^A - n_1^A + n^B - n_1^B)^2} = 0 \quad (10.20)$$

$$\frac{\partial \Pi^B}{\partial n_1^B} = \frac{[q^A + \beta q^B] n_1^A}{(n_1^A + n_1^B)^2} - \frac{[\alpha q^A + q^B](n^A - n_1^A)}{(n^A - n_1^A + n^B - n_1^B)^2} = 0 \quad (10.21)$$

两者联立可求得：

$$(n_1^A)^* = \frac{q^A + \beta q^B}{(1+\alpha)q^A + (1+\beta)q^B} n^A \quad (10.22)$$

$$(n_2^B)^* = \frac{\alpha q^A + q^B}{(1+\alpha)q^A + (1+\beta)q^B} n^B \quad (10.23)$$

推论10.3：理论上，在两者竞争状态下，古诺纳什均衡状态为：简体字使用方生产文学作品会考虑学习繁体字的人口数及接受程度；同样，繁体字使用方生产文学作品时会考虑学习简体字人口数及接受程度。人口基数越大，影响就越大。

这个推论的意义在于，虽然官方制定了某种文字使用政策，但是从文字使用的效益最大化层面来看，可能会出现一些与政策不同的情况。如随着大陆和台湾地区交流越来越频繁，许多台湾的书店开始贩卖简体字书籍（"简体字图书在台湾走红"，《人民日报》2015年08月20日20版），就印证了前面我们的观点。

（二）不同文字政策地区各自的均衡策略

对于前面的整体的理论分析，可能会有人提出不同的意见，因为各地区采用的文字使用政策不同,针对的人口也不同。在这一小节,我们尝试探讨在这种状况下的古诺纳什均衡结果,当前实际的文字使用状况是否也印证了这个均衡分析。

关于文字或者语言使用的竞争,可以有更为直接的考虑,这种模型不仅可以描述这里文字使用的收益问题,还可以描述语言的相似性及使用问题。我们依旧从简体字地区的收益开始说明。假设简体字学习地区人们在生产文学作品时可使用简体字,也可使用繁体字,那么在生产文学作品时,为了取得更高的收益,该地区文字使用的两类团体就形成了一种博弈态势。我们以大陆主要使用简体字为例,以大陆人口为基准考虑,两种文学作品生产者的收益方程式可以表示为:

$$\Pi^A(n_1^A, n_1^{A'}) = q^A \frac{n_1^A}{n_1^A + n_1^{A'}} + \alpha q^A \frac{n_2^A}{n_2^A + n_2^{A'}} \tag{10.24}$$

$$\Pi^{A'}(n_1^A, n_1^{A'}) = q^A \frac{n_1^{A'}}{n_1^A + n_1^{A'}} + \alpha q^A \frac{n_2^{A'}}{n_2^A + n_2^{A'}} \tag{10.25}$$

两者仅从大陆人口进行考虑找到文字生产的最佳策略,通过古诺纳什均衡的计算,得出以下结论,为大陆文学生产者的最佳文字生产(使用)策略:

$$(n_1^A)^* = \frac{1}{1+\alpha} n^A \tag{10.26}$$

同理,在繁体字政策地区,两个团体的收益可以用下面的公式来表示:

$$\Pi^B(n_1^B, n_1^{B'}) = \beta q^B \frac{n_1^B}{n_1^{B'} + n_1^B} + q^B \frac{n_2^B}{n_2^{B'} + n_2^B} \tag{10.27}$$

$$\Pi^{B'}(n_1^B, n_1^{B'}) = \beta q^B \frac{n_1^{B'}}{n_1^{B'} + n_1^B} + q^B \frac{n_2^{B'}}{n_2^{B'} + n_2^B} \tag{10.28}$$

可求得:

$$(n_2^B)^* = \frac{1}{1+\beta} n^B \tag{10.29}$$

推论10.4：在单一文字政策区，如果文学生产者可以两种文字生产文学作品，依旧存在文字最佳使用的均衡结果，这个均衡结果只与相对认知度有关。在可理解的情况下，为了文字使用收益的最大化，可能在某些场合会使用一些特殊的文字。

由于不一样的文字使用背景，这个均衡结果体现了双方文学生产者的各自最佳策略。大陆方的最佳策略与相对认知度 α 有关，台、港、澳方的最佳策略与相对认知度 β 有关。一般来讲，如果是完全不相通的两种语言或者文字，那么 α 或者 β 的值都为零，各方都按照自己的文字生产文学作品就可以。但是由于汉字的特殊性，这里的 α 和 β 都有一定的值。也就是说，大陆文学生产者出于自身收益的考虑，可能也会出现一定数量的繁体作品，这种作品可能是书籍文章，也可能是牌匾、宣传画等，其出现考虑到了 α 的因素。在有的饭店或者商店，可能会出现笔画特别繁琐的寓意较好的汉字，该汉字并不通用，但是来到饭店的人看到该字能大致体会该字的含义，这就体现了 α 的影响。对于汉字来讲，可能是 β 要大于 α（黄翊，2014），根据前面的公式可知 $\frac{1}{1+\beta} < \frac{1}{1+\alpha}$，那么可能就会出现这样的结果：台、港、澳等地区出现简体字的概率要大于大陆出现繁体字的概率，由于 α 的值更小，大陆的情况是几乎都使用简体字，β 的值更大，那么可能的情况就是，台、港、澳等地区人们会自发地在很多场合使用简体字。

这里的分析结果，对于不同的语言来说，更为容易理解一些。一般来讲，不同文字的两门语言，几乎不存在相对认识度，因此两者各自创作自己的文学作品即可，偶尔有些语言具有共通意义，此时可能在宣传板或者海报等场合用到另一种语言，此时也要看相对认知度的值。

四、考虑到双边外部性时的汉字使用效用最大化

目前中国经济与周边国家有着密切的关系，在中国最大的贸易伙

伴中,韩国和日本仅排在美国之后,列第二、第三位。另外,近些年,我国与东盟的贸易额也持续增长,且于2020年11月15日又签订了区域全面经济伙伴关系协定(RCEP),各国间的联系会不断拓宽与加深。其中,韩国和日本在很多场合依旧使用汉字,但使用的汉字体系与我国的汉字体系有所不同,另外,东盟一些国家也十分重视学习汉语和汉字,这也是需要考虑的。

简单举例来说,如果汉字能够互相认知,韩国人和日本人到中国来旅游访问,可认识一些汉字表达的内容,中国人到日本、韩国旅游访问,同样因为认识一些汉字而增加诸多方便,虽然其中可能会有一些偏差,但总体来说,这种双边外部性是肯定存在的。如果中国、韩国和日本的常用汉字能够使用同样的标准,这当然是最好的选择;如果没有统一标准,则可尽量考虑到"相对认知度",这样可以对一些汉字进行推测,对双边生活乃至经济发展也有着较大的帮助。可以说,考虑到其他国家的汉字使用,借鉴经济学中的双边外部性原理,对于汉字的使用也有一定的启示。

五、结语

综上分析,在文字使用社会效用最大化的前提下,汉字的使用最终会走向"书同文"。推广简体字,除文学作品的数量外,"相对认知度"在其中有着很大影响,在坚持简化汉字政策的基本前提下,在以后适当的异体字或繁体字恢复中,如果适度考虑"相对认知度",就可起到事半功倍的效果。从当前的文字使用状况来看,简体字和繁体字使用存在着理论上的古诺纳什均衡,通过对均衡的分析,可加深理解社会上出现的似乎不同于常理的文字使用问题。另外,如果从双边外部性考虑,也可使汉字使用取得更大的国际社会福利。黄翊(2014)的调查报告中,认为"使用繁体字者'据繁识简',使用简体字者'据简识繁'。前者比较容易,后者比较困难"。由于其所调查的汉字样本数量还较少,以及调查人群的分布也可更全面等原因,结论可待进一步商榷。如果能够将所有简化汉字与相对应的繁体汉字进行全面的双向调查,对于解决不同地区的文字问题一定可以起到促进作用。

本篇小结

基于经济学理论进行语言研究是一个比较大的课题，因为这里的研究不是通常所说的一个"省力原则"或者"经济原则"就可以解释的，而是涉及了经济学研究中比较深层的东西，通过研究表明，"语言"真的与"经济"有关。

本篇的研究使用博弈论的方法居多，这可能与博弈论可以用来分析"博弈"中的"利益"有较大关系。第四章主要讲了语言博弈论的概况，讲述了语言使用是怎样与博弈论结合的。第五章讲了纳什均衡的概念，这是博弈论中最为重要的一个概念。第六章运用古诺纳什均衡的理论，对线上第二语言教学进行了分析，得出了更为理性和量化的结论，对于第二语言课堂教学的效率提升有一定的意义。第七章运用博弈论的视角探索城乡一体化过程中的语言竞争问题，随着经济发展，城乡融合速度也在加快，而随之而来的语言竞争、语言保护问题也是值得重视的。第八章讨论了民间防疫标语的效用及演变，运用演化博弈论中的复制者动态成功解释了标语的使用情况。第九章是讨论经济学视角下的语言政策和语言规划研究，论述了该研究方向的意义，并借助 RCEP 国家的情况进行了举例，但这只能算是个引子，这方面需要做的事情还很多。第十章的内容是关于文字竞争的经济学分析，借助经济学理论探索文字问题是笔者博士论文的重心，由于有的内容已发表，所以书中只是拿来做了简要介绍。在该章中还尝试了分析简繁文字的使用问题，借助语言经济学的视角，从简繁汉字的相对认知度以及文字使用的社会福利最大化角度，探讨在社会效用最大化的导向下两类汉字类型的最终走向，和理论上相互竞争情况下的古诺纳什均衡，以及古诺纳什均衡理论下当前不同地区文字的使用状况分析，从而对简体字推广、简繁之争以及当前的文字使用有更深刻的认识，进而希望研究成果将来可促进相关语言政策和语言规划的制定。文字问题纷繁复杂，如越南考虑到继承传统文化，最近又有学习汉字的主张，而其本身现在使用的文字是拉丁字母文字，如果从文字竞争角度考虑的话，可称为拉丁字母与汉字之争，这些都值得未来继续探究。

基于经济学理论的
语言教学与研究
Part 3

第三篇 语言本体研究中的经济学思想

第十一章 经济学思想在语言本体研究中的体现

第一节 前期相关研究的述评

传统语言研究中所谓的"经济原则",主要指的是"省力"的经济性,体现在语言研究的方方面面,学者们的研究不胜枚举。在本节中,笔者仅对自己前期所做的一些相关研究进行梳理。

在词汇方面,笔者以"那"类应答词汇为例,认为词汇的使用常体现"语言的经济原则",即"在人类语言发展的过程中,语言结构呈现极大合理化,即在语法和传达信息之间出现一个极简的均衡"(李龙、朴雪豪,2020)。应答词汇"那"就是这样的一种情况,人们在会话中用"那"来承接,避免了在下一话轮中再去重复上一话轮的内容,而且表示接收到了对方的信息,接着对方的话题继续说,也体现了会话的"礼貌原则",因此"那"类词汇起到了经济原则和礼貌原则的有机结合的作用。这种原则如仅仅体现在汉语中,还不能说明什么,但其也存在于其他语言中。例如,韩语就有类似的情况,笔者的论文对其进行了较为深入的比较(李龙、朴雪豪,2020)。英语中的"then"也具有类似的特征,我们在第三节进行说明。另外,"那"类应答词汇并非仅仅一个字"那",还可能是"那么"或者"那样的话",这三者语义特征基本一致,但是在使用时各有自己的功能与特点，语法化的程度也不同，从礼貌原则等角度也可对其有一个更为清晰的认识（曲溪濛、李龙，2021）。

还有一种词汇，其在短时期内体现了更高的"交际价值"，即流行语。在一定时期内，正是因为流行语的交际功能要大于意思基本相同的一些词汇，因此更具有语用经济价值，人们更乐意使用。笔者用汉语发嗲化流行语为例，对流行语的交际价值进行了探讨（李龙，2020）。文中提到了"语言"和"货币"的比喻，这里再稍微展开一下，货币通常具有三个职能：交换媒介、计价单位和价值储藏手段。语言似乎也有同样的特质，以流行语为例，流行语是人们交流信息和情感的"交换媒介"，是年轻人标榜自己身份的"计价单位"，当然也可以作为一种"价值储藏手段"，将其作为自己运用语言的一种能力，但是储藏的时间越长，往往就会越贬值，正如通常货币的购买力一样。

语言的经济原则不仅仅是体现在词汇和语法方面，也可体现在语音、文字和语用等方面。笔者曾提到汉语语音"平分阴阳、浊上变去、入派四声"的情况，也可以用语言的经济原则来解释（李龙，2021），这一点可以从简单的"省力原则"来讨论，将来也可以进一步找出更为深层的规律。文字使用的情况我们在前面的章节中有过比较详细深入的经济学分析，另一个可以简单说明的就是手写体汉字，在"省力"原则的作用下会有很多的写法。语用方面，李龙（2021）提到关于某些品牌名称模仿外国大品牌的例子，则是语言的使用直接与经济价值产生了关系。

总之，语言会隐含这样一种因素，就是使用有限的语言，达到效用的最大化，这既可以是语音、文字和词汇层面，也可以是语法和修辞层面，甚至可能用在一些似乎不是语言的语言上，如"表情包"。

第二节　结构最优还是表意最优：现代汉语标题结构的嬗变探析

"标题"作为一种凝练的语言非常值得探讨。吕叔湘先生曾说过

第十一章 经济学思想在语言本体研究中的体现

"'标题'要作为专门学问来研究"(转引自罗堃,2018)。尹世超先生的《标题语法》(尹世超,2001)、刘云的《汉语篇名的篇章化研究》(刘云,2003)和罗堃的《汉语标题特点的再认识》(罗堃2018)等书籍和文章从不同角度探讨了标题的用法。当前的汉语标题使用十分丰富多彩,本节主要对现代汉语的标题嬗变进行探析,主要探讨了三类标题:时尚非结构化标题、文言结构化标题和模因结构化标题。并认为文言结构标题和模因结构标题是结构优先,而时尚非结构化标题表意是最优,体现了人们在标题使用中价值观的变化。

先说时尚非结构化标题,是指随着自媒体的流行,出现了"重要提示!这些人不适宜接种新冠疫苗""突然,国家动真格了""17岁少女冠军放弃美籍加入中国,却被键盘侠骂了""在丁真的眼睛里,我看到了这些……""想增强同理心吗?看这里""获奖名单来啦!"等口语化表述的标题。这些标题具有在结构上的特征不明显,句型特征以感叹句居多,语言色彩具有博取眼球的特质,目的为吸引到更多的读者。这类标题似乎也可起到"题好一半文"的作用,好的标题可对文章传播起到最大的效用。当今社会发展快,信息更新量也极大,人们浏览各种内容时首先看到的就是标题,因此对于标题的运用需要十分重视。

文言结构标题是指用具有文言色彩的单音节或双音节词汇来表示的标题类型。在古汉语中,单音节词占多数,当代许多标题格式把单音节词用于文章或书籍的标题中。例如,用动词的:<u>怀</u>亲诗;绝处逢<u>生</u>说《萌芽》;正本清源<u>话</u>飞碟。现代汉语中"怀"往往用双音节形式"怀念"。单音节动词来做标题的还有"答""析""忆"等。除动词外,单音节名词也可作为标题,如"略""集""表""典""风""林""录""铭""曲"和"疏"等。有的单音节词汇在标题中既可作为名词,又可以作为动词,如"释":说文解字今<u>释</u>;论语新<u>释</u>;<u>释</u>梦;等等。文言色彩标题也可用双音节词汇。这些双音节词汇基本沿用其古语义,在现代汉语口语及书面语行文中使用频率较低,例如"钩沉",标题中常见"史海钩沉""史苑钩沉"等。另外,"拾遗""管见""管窥"等双音节文言色彩词汇也常常作为标题。文言色彩标题不仅仅是词汇的表现,还体现在古代汉语语法在标题中的使用,如宾语前置、名词用作状语、形容词用作动词等语法现象。先来看一种宾语前置的标题,这类标题也为有标记、可识别标题,标题用词有"调查""分析""浅析"和"探讨"等,在学术性的文章中,这种宾语前置的标题更为常见,例如,中学生偶像崇拜现象调查;农民工"自救式"犯罪分析;高职院校学分制问题探讨;等等。名词用作状语的情况也常常出现在现代汉语标题中,例如,<u>白话</u>解读公孙龙子;<u>禅</u>释人生;<u>泪</u>别耶路撒冷;等等。

  模因结构化标题是指语言模因造成的标题使用,标题中这样的例子很多。例如,我们熟知苏联作家奥斯特洛夫斯基的《钢铁是怎样炼成的》,模因"是怎样炼成的",出现了"国家是怎样炼成的""一个'打假'警察是怎样炼成的""销售精英是怎样炼成的""黄金是怎样炼成的"以及"王石是怎样炼成的"等诸多类似的标题。又如畅销书《谁动了我的奶酪》,模因"谁动了",出现了"谁动了我的金星凌日——金星凌日疑难问答"等标题。模因古诗"夜来风雨声,花落知多少"中的"知多少",如"房改政策知多少""往事知多少""第七舰队知多少"和"酒里葡萄知多少"等。借用音乐术语的,如"台商大陆投资进行曲""品牌狂想曲"等。模因名人名言的,如模因"将抗战进行到底"出现的"商界'坏小子'将捣蛋进行到底""22 岁 Boss,誓将创业进行到底""将美丽进行到底"等。以上标题可以归类为有标记、可识别标题,因为不管是欧化的结构,还是语言的模因,都有其特定的表征可寻。而接下来我们说到的,可以称为无标记、不可识别标题,因为虽然其借用了语言的其他成分,但表征难寻。例如,借用成语、俗语的标题"多见少怪""珠宝业半路杀出程咬金""大富若穷";借用古诗歌的"一江春水向东北""独领风骚几十年——现代管理学之父杜拉克素描""十年合作两思量——苏州工业园十年解读"等；还有借用影视的，如"财富无间道""韩商遗梦"等。这类标题总体上来说灵活性较大，无特定标记，但随着使用频率的增高，这类标题可能也会变得可识别且拥有标记的特征。

从使用状况来看，文言结构标题一般用于色彩庄重的书籍或文章，模因结构化标题一般用在较为正式的书籍或文章，时尚非结构化标题多用于自媒体中。随着自媒体的发展，时尚非结构化标题已逐渐充斥人们的视野。从前面的分析来看，文言结构标题和模因结构标题是结构更优的，而时尚非结构化标题表意是最优的，随着社会的发展，标题语言逐渐呈现从结构最优到表意最优的变化。

通常来说，文言色彩标题年代较久，或者即使是在当代，也是大多存在于学术类作品中。模因类标题在20世纪末21世纪初较多，而当代社会随处可见的标题往往是时尚非结构化标题。这并不是说各种类型的标题之间不能融合，最近就出现了这样一则模因与时尚相结合的标题：张京翻译名场面刷屏！外交部的"翻译大神们"是怎样炼成的？

第三节 汉英应答词汇"那"的一个简易比较

前面我们提到用于应答的"那"是一个"经济原则"与"礼貌原则"相结合的一个典范词，其不仅存在于汉语中，也存在于韩语中，还存在于英语中，我们结合英语的例子进行一个简易的比较。

在2018年的全国考研英语试题第一部分"知识运用（Use of English）"中，出现这样一个题目，文章的前面提到"Trust is a tricky business. On the one hand, it's a necessary condition for many worthwhile things: child care, friendships, etc. On the other hand, putting your faith in the wrong place often carries a high price./信任是一件微妙的事

情。一方面，这是许多有价值的事情的必要条件：照顾孩子，友谊等。另一方面，把你的信仰放在错误的地方往往会付出高昂的代价"。接下来的题目为"（ ），why do we trust at all? Well，because it feels good. /（ ），我们为什么总会信任？因为感觉很好"。用汉语翻译法来做题的话，前面部分提到了信任是微妙的事情，有优点有缺点，接下来就需要用到一个承接词继续说明，汉语最合适的答案即是"那""那么"或者"那样的话"，用英语来对应的话，即是承接词"Then"，也是本题的正确答案。这里的会话情形不是两个人的对话形式，而是一种自问自答的形式，但可以拆成不同的话轮来理解：

A：Trust is a tricky business. On the one hand, it's a necessary condition for many worthwhile things: child care, friendships, etc. On the other hand, putting your faith in the wrong place often carries a high price.

B：Then, why do we trust at all?

A：Well, because it feels good.

英语中处于下一话轮的话语标记"then"在语义及用法上与汉语有着相似的特征，都是对上一话轮的应答，具有承接等作用。例如，在口语中或电视剧电影中我们常常听到美国人说"Then what?""Then what it is?"之类的句子，这里"then"已经成为一个话语标记，Asik 和 Cephe（2013）通过语料库分析英语中的多种话语标记语时，也提到了话语标记"then"。在应答句中，"then"翻译成汉语即是"那"或者"那么"等，与汉语不同的是，英语中往往只有这一个形态进行应答连接，而不像汉语有"那""那么"和"那样的话"三种形式。另外，在这里，汉语的"那"并不能翻译成英语的"that"，而是"then"。

在句法使用上，汉语和英语"那"类应答句具有相似的特征，也有其不同之处，我们试对其分析。来看下面选自《柯林斯高阶英汉双解学习词典》的一个例子：

A: I can meet you after work. Six o'clock? (我下班后可以和你碰面。6点可以吗?)

B: Fine. (行啊。)

A: Six o'clock, then? (那就定6点啦?)

另外,英语中也常见"Then who did""Then you'll be rich""the case, then, is closed"和"you've made up your mind then"等例子,从这些例子可以看出,与汉语"那"和"那么"相对应的英语"then"可放在句首、句中和句尾,这与汉语十分不同,汉语中"那""那么"以及"那样的话"一般位于应答句的句首。语言既有共性,又有其特异性,注重其中的特异性,也可对语言教学起到更好的促进作用。

第十二章 语言经济学交叉学科中的语言研究及思考

语言经济学是一门新兴的跨学科研究,其最初是关注经济学方向的研究,后逐渐有了关注语言学层面的研究。本章尝试对该跨学科在语言研究层面的进展进行述评,提出一些新的思考,希望对语言研究尤其是汉语语言研究有一些借鉴和启示。第十一章中提到的单纯的"省力"原则还是较为浅显,而运用经济学方法对语言研究进行深层次挖掘才能取得更好的效果。

语言学是一门较为成熟的学科,经济学也是一门较为成熟的学科,然而,将两者结合形成的"语言经济学"这门学科,出现时间尚且不长,差不多只有55年的时间,其学科理论依旧有诸多可待探讨之处,其研究的内涵和外延也值得进一步深究。之所以称其为"语言经济学"而非"经济语言学",是因为这门跨学科研究最早是研究语言对于经济的影响,后来运用人力资本理论或其他理论探讨语言学习的收益,其根本核心还是"收益",因此突出的还是经济因素。但是从20世纪末开始,一些学者开始注重运用经济学的方法来研究语言,并且在一些语言学悬而未决的问题上提出了一些新颖的看法,这包括语言的产生和演变、语义的产生和语用学的研究等,一些学者在这种语言本体的研究中做出了有益的探索。当然,这些探索依旧不够多,有的也不够深入,不过有着很好的借鉴意义,我们就将这些运用经济学方法对语言学进行的探索进行述评,同时结合一些具体问题提出一些新的思考,希望对以后的语言研究尤其是汉语语言研究有一定的启示。

第一节 语言的起源与演变研究

从古希腊语法学、古罗马语法学,直到19世纪历史语言学,到现代结构主义以及功能语言学等,都涉及了对于语言起源的探讨。古希腊哲学家或认为语言是受自然支配的,或认为语言是受惯例支配,后来的其他语言学派也有自己的看法,提出了一些假说,但依旧争议纷纭。

经济学家对于语言起源也有诸多的看法,黄少安、张卫国、苏剑(2017)对经济学家的观点进行了总结,从亚当·斯密相互交流博弈的猜测,到马克思、恩格斯认为劳动形成了人类语言,再到哈耶克认为语言起源是自发秩序的结果,最后三位学者提出了新的观点,认为"语言是演化的,而文字主要是构建的"。三位学者提出了一个很好的想法,接下来我们针对语言起源做一个拓展性的说明。另外,根据第十章的一些分析,笔者认为有些文字的使用也是演变的。

三位学者从科学研究的角度提出的观点是基本可信的。首先,"演化"一词不仅仅存在于生物学中,其在语言学和经济学领域都有了较多的探索。在语言学领域,会从历史语言学的角度探讨语言的演化,其主要研究语言事实的变化分析。在经济学领域,"演化"的说法主要出现在博弈论领域,演化博弈论是以非合作博弈为基础,通过参与者的策略与收益函数来分析各自的占优关系与最优反应,达到一个相互竞争后最优的结果,演化博弈的最终结果通常称为"均衡",而常拿来用于分析的演化策略,也称为"演化稳定策略(Evolutionary Stable Strategy)",通常缩写为"ESS"。语言作为人们交流使用的工具,使用什么样的语言可以起到最佳交流效益的目的,参与者双方根据情况会选择最优的策略。在这里用当前的语言进行一些分析，我们可以看到以前的一些流行语在当今社会中的存留情况，二三十年前的流行语在目前的汉语使用中并没有完全消失，而是一部分进入了现代汉语语言交流体系，而另一部分则随着时代的发展消亡了，进入现代汉语语言交流体系的词汇，其实就是人们在语言使用中，逐渐成为信息交流中的"演化稳定策略"，这些词汇逐渐存活在现代汉语这个大的"生态系统"中，而老旧的语言，或者不符合"演化稳定策略"的流行词汇，则会随着时间的推移逐渐被淘汰。

我们再来举一个例子，在当前人们利用即时聊天软件的过程中，表情包的使用得到人们的喜爱，如果我们探讨表情包的起源问题，那么可能可以追溯到手机最早的短信功能，人们利用标点符号制作成一个表情的模样，来传达文字无法显露出的其他信息，当智能手机出现后，随着各种即时聊天软件的兴起，表情包在软件中可以得到充分的体现。表情包的迅速发展，正是人们认为通过用此类手段聊天，可以起到词少而传达信息多的特点，从经济学的意义来说，即"成本"少而"收益"多，而通过两个人或者多个人的互相交流，许多表情包频率使用高，也可以看作一种类似语言的"演化稳定策略"，这些表情也可以看作一种特殊的语言。我们无法回到几千年以前去看古人是怎样通过交流产生的语言，但是借助我们可以认知的当前时代中的语言变化，尤其是某些新型语言的产生，认识到语言的产生与"演化"有着密不可分的关系，因此，通过语言经济学的分析，我们可以从另一个角度探讨语言的起源问题。关于文字的演变，笔者在第十章进行了说明，这里不再赘述。

第二节 语义学的研究

一般认为，语言的音义是约定俗成的，在《普通语言学教程》

中，索绪尔提出了语言的任意性原则，即在语音和语义的"能指"和"所指"问题上遵循着任意性的原则。

经济学家认为语音和语义的结合是演化博弈的结果，博弈论重要学者鲁宾斯坦（Rubinstein，2000）用演化博弈论的方法求证了语义的产生问题，我们对这个求证过程做一个简介。作者假设有一个渔人社区，人们每天乘坐很小的两人小船去湖上打鱼，在小船行驶过程中，船上的一个人发现水中有石头，需要他的同伴注意避让，此时这个观察者嘴中就冒出来一个语音"Be careful"，为了传达这个水中有障碍物的信息，为什么这个"Be careful"被同伴理解成了"小心"，而不是"这里有条鱼"或者"今天是个好天气"呢，作者借用双人博弈模型进行了解释，这是一个交互的博弈过程，发言者要考虑到听话者是怎样理解的，听话者在听到这个声音后做出的反应同样给发话者一个信息，发话者会根据听话者的反应再做出其他话的反应，这其实是一个循环往复的过程，直到听话者听懂了发话者的意思，作者认为这样一个循环往复的过程可以用博弈模型的架构进行解释，通过"参与者、博弈策略、均衡"等博弈论的数学分析方法，得出结论，语义的产生正是语言使用者的相互博弈，最终达到某种语音表达某种语义的均衡，声音和语义就这样"任意性"地结合了。

为了便于理解，我们在这里再用汉语举一个例子：朋友两个人走在路上，一个人在路内侧，一个人在路外侧，这时路上开过来一辆汽车，路外侧的人说道"车！"，内侧的人听到这个声音后并不会认为成"你看！这车很漂亮"或者"天气很好"，而是理解成"车来了，注意避让"的意思，为什么单独一个"车"字就表达了"注意避让"的意义呢，这其实是一个演化博弈的结果，如果在旧社会，汽车极少的时候，人们看到汽车觉得很新鲜，这时一个朋友对一个朋友说"车！"，朋友可能就会不自觉地去看这辆车，也许还会感叹"原来这就是汽车"，但是到了现代化社会，汽车已经十分普及，发出提醒的朋友再说出"车"这个语音时，你不会认为朋友向你提醒一个新奇的事物,这时你的判断是"我相信朋友,这是防止一场事故;朋友没必要骗我,因为如果什么都没有他也没有什么收益"(Rubinstein,2000),然后你的表现是及时避让车辆,朋友认为自己的这个词"车"也表达出了"注意安全"的意义,单字"车"的一个新的语义就产生了。另外,我们还可以认为单字"车"是一项极为"经济"的表达方式,发现危险的朋友一般不会沉住气说"那边来了一辆黑色的汽车,你注意避让一下,撞到你就不好了",因为这样说的话,可能事故就已经发生了,发话者认为这种语言表达起不到收益,也就不会采取这种语言方式,这也体现了语言中"成本"与"收益"的考量问题。

成年人与儿童交流的语言同样是一种演化的结果,儿童受发音器官、对世界认知的影响,往往并不能像成年人一样表达语音和意义,这就会造成如"车车""臭臭"和"粑粑"等双音节词的使用,或者对污秽事物的可爱化语言表达,这也是成年人与儿童互相交流博弈达成的一种语言使用上的均衡,许多成年人不用的词汇在儿童语言中是有着特定的意义的。

语言经济学采用了不一样的视角,鲁宾斯坦(Rubinstein,2000)还通过"指示友善性(Indication - friendliness)""信息蕴含性(Informativeness)"和"描述简易性(Ease of Describability)"对语言的语义性质进行了深度分析,正如鲁宾斯坦本人所说的,这一部分讨论了二元关系的三个目标:使关系中的使用者能够指出无名元素;为了提高词汇的准确性,这个关系所跨越的词汇接近于语言使用者所指的实际词汇;为了便于用实例描述关系(Rubinstein,2000)。然后从前面提到的三个层面借助"橄榄树""引用关系"和"父子打猎"等例子对于这一目标进行阐释。运用这些方法,汉语中似乎有更值得讨论的例子,拿古代汉语中的"马"来说,古代使用马的方式可以是单骑着一匹马,可以是两匹马驾车,也可以是三匹马或者四匹马驾车,表达为"骑""骈""骖"和"驷",当没有合适语言来表达这

第十二章 语言经济学交叉学科中的语言研究及思考

种语义时,我们可以借助"骑一匹马""两匹马驾车""三匹马驾车"和"四匹马驾车"这种"指示友善性"关系来表达。

运用经济学视角的分析,虽然依旧承认"能指"和"所指"的任意性,但对这种语音和语义结合的任意性给予了解释,对我们认识语言的规律有帮助。借助对语义的分析,甚至可以继续讨论语言的起源问题,最初的语言也可能只是一点,在这一点上不断演化,而形成今天我们诸多的语言。

第三节 经济学视角下语言本体研究的一些展望

语言学研究中的诸多"瓶颈"或者难以用传统方法来思考的问题,可以运用经济学的视角给出合理的解释,笔者在第二篇的研究中给出了一些尝试,但这些尝试远远不够,语言学中的许多其他层面的问题也可通过该方法进行深层次的研究。

语用学研究目前已经有较多的经济学方法介入,尤其是博弈论的方法,国外(Benz, Jager & Roòij, 2006)编纂了博弈论与语用学研究论文集,国内如向明友、夏登山(2011)做了较为详细的述评,近些年又有了一些新的研究进展(如 Franke, 2013;缪素琴、祝尔悦, 2016; Jager, 2019; et al.)。可以说,语用学可借鉴经济学方法取得更多的研究成果。

微观语言研究层面,如汉语语音的演变,虽有着各种各样的原因,但"省力原则"依旧是不可忽视的,而具体是怎样的"省力",有哪些"省力"的规则和步骤依旧可以探索,都是值得考虑的。词汇层面不用说,其演变是持续不断的,正是由于其演变的快速性,也更容易观察和分析。语法和修辞的演变目前从该视角的研究还较少,但值得探索。文字的书写不仅在中国,在其他使用汉字的国家也有着书写的变化,如日本汉字学家笹原宏之(2019)就对日本汉字书写中的"经济性"有过很多说明。另外,运用经济学原理对宏观语言学层面进行研究较为容易取得相应的成果,如语言政策和语言规划、语言产业和语言竞争等。

目前,语言经济学的研究用到的理论主要限于成本收益分析、人力资本理论、博弈论等方面,有许多其他的理论可进一步使用,从而促进语言研究的进展。如在语言教学层面,采用"语言距离"概念就取得了较好的效果(崔萌、张卫国、孙涛,2018)。

著名语言学家陆俭明先生曾寄希望于年轻人要进行开拓性思考,"既要在本学科领域不断思考和开拓新的分支领域,同时要跨学科不断思考和开拓新的交叉性的新型学科"(陆俭明,2020)。这给了我们诸多鼓励和启发,经济学与语言学的融合也算是在科学研究道路上的一种尝试吧。

本篇小结

　　第三篇的主题为"语言本体研究中的经济学思想",尝试从经济学角度,对语言本体的研究进行评述。其实这方面的研究还不是很多,传统的"省力原则"还是比较浅显,笔者在第十一章各节的研究也不够深入,但是"流行语""标题语言"和"应答词语"等可以做一个突破口,将来做出更多的探索。在第十二章中,由于原文采用的经济学方法比较晦涩难懂,其中用了大量的数学工具来证明,因此,了解的人并不多,我们在这里尽量做到说明得比较简易,使读者对其有一个大致的了解。跨学科的研究并非易事,需要不同学科背景的学者来共同努力,才能做出更为科学的研究成果,促进人类的发展。

参考文献

[1] 卞成林,刘金林,阳柳艳,苏丹. 少数民族地区普通话推广的经济发展效应分析:来自广西市际面板数据的证据[J]. 制度经济学研究,2017(3):220-233.

[2] 蔡基刚. 语言经济学视角下的公共英语教学效率研究[J]. 复旦教育论坛,2016(2):86-92.

[3] 陈兵. 东盟国家语言状况及广西的外语战略研究[J]. 外国语(上海外国语大学学报),2012,35(1):77-82.

[4] 陈建平,聂利亚. 从目前的研究看商务英语学科体系的构建[J]. 外语教学,2009(5):69-72.

[5] 陈立鹏,张靖慧. 澳大利亚土著民族双语教学政策:内容、特点及启示[J]. 民族教育研究,2015,26(4):124-128.

[6] 陈苗苗,刘惠昱. 语言经济学视域下福建闽南高校商务英语人才培养策略[J]. 大理大学学报,2020(7):55-60.

[7] 陈莎. 语言经济学视角下商务英语实践教学模式创新[J]. 新课程研究,2020(3):59-60.

[8] 陈苏丹. 影响大学英语教学的社会市场价值因素透视[J]. 高等理科教育,2003(3):106-109.

[9] 陈月娥. 何谓"语言的近代性"——评述日本语言政策与语言思想之相关研究[J]. 国外理论动态,2011(7):80-86.

[10] 程虹,刘星滟. 英语人力资本与员工工资——来自2015年"中国企业—员工匹配调查"的经验证据[J]. 北京师范大学学

报（社会科学版），2017（1）：34-50.

[11] 崔丽红. 韩国的语言政策与国家意识探析 [J]. 云南师范大学学报（哲学社会科学版），2012，44（3）：41-46.

[12] 崔萌，张卫国，孙涛. 语言距离、母语差异与汉语习得：基于语言经济学的实证研究 [J]. 世界汉语教学，2018，32（2）：280-288.

[13] 戴庆厦. 语言竞争与语言和谐 [J]. 语言教学与研究，2006（2）：1-6.

[14] 戴新月. 社会、心理、话语：新冠肺炎疫情初期的河南基层风险沟通 [J]. 河南大学学报（社会科学版），2020，60（3）：26-39.

[15] 董洪杰，周敏莉，王若嘉，谢方琦. 网络语境下标语的传播及适应性调整 [J]. 语言文字应用，2020（2）：132-142.

[16] 段红鹰，娄玉娟. 英语教育缘何低效：基于语言经济学的分析 [J]. 教育学术月刊，2010（8）：106-107.

[17] 方宝. 人力资本投资理论视角下的大学英语教学及其启示 [J]. 学术论坛，2013（1）：224-227.

[18] 付慧敏，洪爱英. 语言经济学视域下的语言竞争与语言规划 [J]. 东北大学报（哲学社会科学版），2020（2）：77-83.

[19] 韩涛. 佩里来航事件与近代日本语言政策转变的关系 [J]. 日本问题研究，2015，29（3）：73-80.

[20] 何莲珍，张慧玉. "中国英语能力等级量表"的语言经济学分析 [J]. 外语教学与研究，2017（5）：743-753，801.

[21] 何文贤. 语言的经济属性与ESP教学模式实践探索 [J]. 外语与外语教学，2006（2）：28-32.

[22] 侯敏，滕永林. 词述中国战"疫" [J]. 语言战略研究，2020，5（3）：50-61.

[23] 胡杰辉，胡加圣. 大学外语教育信息化70年的理论与范式演进 [J]. 外语电化教学，2020（1）：17-23，3.

[24] 洪历建. 权利与语言：澳大利亚原住民语言保护政策[J]. 华东师范大学学报（哲学社会科学版），2019，51（6）：107-119，178.

[25] 黄少安，苏剑，张卫国. 语言产业的含义与我国语言产业发展战略[J]. 经济纵横，2012（5）：24-28.

[26] 黄少安，王麓淙. 民族地区语言扶贫的经济理论基础和实证分析[J]. 语言文字应用，2020（4）：26-36.

[27] 黄少安，苏剑. 语言经济学的几个基本命题[J]. 学术月刊，2011，43（9）：82-87.

[28] 黄少安，张卫国，苏剑. 语言经济学导论[M]. 北京：商务印书馆，2017.

[29] 江桂英. 语言经济学视角下的中国英语教育成本—收益分析[J]. 制度经济学研究，2010（1）：184-194.

[30] 李桂南. 新西兰语言政策研究[J]. 外国语（上海外国语大学学报），2001（5）：39-42.

[31] 李桂南. 新西兰少数民族语言政策介绍[J]. 当代语言学，2012，14（1）：103-106.

[32] 李龙. 评《语言经济学导论》对语言研究的启发[J]. 汉字文化，2021（5）：121-123.

[33] 李龙. 互动社会语言学视角下汉语发嗲化新生语言探析[A]. 第六届全国语言学核心期刊主编与青年学者对话论坛暨唐文治诞辰155周年高端学术研讨会，上海交通大学，2020年10月24-25日.

[34] 李龙，朴雪豪. 汉韩"那"类应答话语标记比较研究[J]. 汉语史与汉藏语研究，2020（1）：225-242.

[35] 李冀，蔡基刚. 高考英语考试与大学英语四级考试的对比研究[J]. 山东外语教学，2012，33（2）：55-61.

[36] 李宇明. 修筑扶贫脱贫的语言大道[N]. 语言文字周报，

2018-8-1（001）.

[37] 李宇明. 语言竞争试说 [J]. 外语教学与研究, 2016, 48 (2): 212-225, 320.

[38] 林纲. 疫情防控宣传标语的语言生态分析 [J]. 传媒观察, 2020 (4): 30-36.

[39] 林琦芳, 林华东. 两岸汉字问题——"书同文"的历史与当代启示 [J]. 汉字文化, 2020 (9): 1-4.

[40] 刘国辉, 张卫国. 语言环境、经济激励与外语能力的提高: 基于语言经济学视角的外语习得影响因素研究 [J]. 外语教学理论与实践, 2017 (4): 22-30.

[41] 刘国辉, 张卫国.《语言政策与经济学: 非洲的语言问题》评介 [J]. 语言战略研究, 2019, 4 (1): 92-96.

[42] 刘国强, 粟晖钦. 共意动员: 农村抗疫"硬核标语"的话语框架与建构逻辑 [J]. 现代传播 (中国传媒大学学报), 2020, 42 (8): 69-74.

[43] 刘雪琪. 语言经济学视角下民族地区英语教育发展研究 [J]. 贵州民族研究, 2017 (1): 246-249.

[44] 刘云. 汉语篇名的篇章化研究 [M]. 武汉: 华中师范大学出版社, 2005.

[45] 龙翔. 高校旅游英语课程设置与学习的语言经济学思考 [J]. 广西社会科学, 2009 (9): 133-136.

[46] 陆俭明. 顺应科技发展的大趋势语言研究必须逐步走上数字化之路 [J]. 外国语 (上海外国语大学学报), 2020, 43 (4): 2-11.

[47] 罗堃. 汉语标题特点的再认识 [J]. 中国社会科学报, 2018-6-26.

[48] 吕途, 崔建伟, 徐凤江. 来华留学生违法犯罪的类型、成因及预防 [J]. 齐齐哈尔大学学报 (哲学社会科学版), 2014 (4): 67-70.

［49］吕世生．商务英语学科定位的学理依据［J］．外语界，2013（4）：19-25，47．

［50］吕世生．商务英语学科定位的学理依据：研究目标、主题与本体［J］．外语界，2015（3）：76-82．

［51］吕世生．商务英语的语言价值属性、经济属性与学科基本命题［J］．中国外语，2016（4）：4-8．

［52］马慈君．语言经济学视野下的大学英语教育［J］．云南民族大学学报（哲学社会科学版），2010（1）：158-160．

［53］马应心，李龙．国才推进外语教学的网络外部模型试析［J］．德州学院学报，2019，35（3）：90-92．

［54］曼昆（Mankiw, N. G.）．经济学原理：第7版．微观经济学分册［M］．梁小民，梁砾，译．北京：北京大学出版社，2015．

［55］缪素琴，祝尔悦．互联网时代英语融入汉语的博弈语用学分析［J］．外语研究，2016，33（6）：39-43．

［56］莫再树．语言经济学视角下的商务英语教育研究［J］．外语界，2008（2）：65-72．

［57］穆夫温．语言演化生态学［M］．郭嘉，胡蓉，阿错，译．北京：商务印书馆，2012．

［58］戚田莉．语言经济学视角下的大学通识外语的实践改革研究［J］．中国电化教育，2012（12）：119-122．

［59］曲溪濛，李龙．"那""那么"和"那样的话"应答句的句法特征［J］．外语学刊，2021（2）：54-58．

［60］苏剑．语言扶贫的理论逻辑、经验支持与实现路径［J］．学术月刊，2020，52（9）：67-73．

［61］苏剑，黄少安．经济学视角下的单语制、双语制和繁简之争——对《中华人民共和国国家通用语言文字法》的经济学解释［J］．制度经济学研究，2013（1）：1-11．

［62］孙宏开．拯救濒危语言 保护语言多样性［N］．中国社会

科学报,2012-5-7(B04).

[63] 孙建磊,孙旭辉.新疆少数民族个人外语投资的成本收益分析[J].新疆社会科学,2017(2):158-162.

[64] 孙军娜.基于生产函数理论分析我国大学英语教学[J].知识经济,2017(15):123-124.

[65] 笹原宏之.日本的汉字[M].丁曼译.北京:新星出版社,2019.

[66] 田兰.语言经济学视角下商务英语的生态位思考[J].外语界,2013(4):26-31.

[67] 王春辉.专题研究:语言与贫困[J].语言战略研究,2019,4(1):11.

[68] 汪丁丁.语言的经济学分析[J].社会学研究,2001(6):86-95.

[69] 王海兰,崔萌,尼玛次仁."三区三州"地区普通话能力的收入效应研究——以西藏自治区波密县的调查为例[J].云南师范大学学报(哲学社会科学版),2019,51(4):49-58.

[70] 王海兰,宁继鸣.基于个体语言技能资本投资特性的语言传播规律分析[J].社会科学辑刊,2014(3):95-100.

[71] 王立非,金钰珏.我国对外贸易中语言障碍度测量及影响:引力模型分析[J].外语教学,2018(1):14-18.

[72] 王立非,张斐瑞.论"商务英语专业国家标准"的学科理论基础[J].中国外语,2015(1):13-18.

[73] 王立非,张斐瑞.论商务英语二级学科的核心概念及理论基础[J].外语学刊,2016(3):63-66.

[74] 王利梅.基于语言经济学的新时代商务英语教学中的问题及举措[J].科技资讯,2019(28):124-125.

[75] 王莲.中国英语能力等级量表的语言经济学考量[J].中国考试,2018(11):7-13.

[76] 王璐, 李宇明. 日本语言政策研究 [J]. 语言文字应用, 2020 (4): 143.

[77] 王敏. 简繁之争的舆情分析 [J]. 北华大学学报 (社会科学版), 2010, 11 (1): 45-50.

[78] 王宁. 二十世纪汉字问题的争论与跨世纪的汉字研究 [J]. 中国社会科学, 1997 (1): 153-167.

[79] 王宁. 从汉字改革史看汉字规范和"简繁之争"[J]. 云南师范大学学报 (哲学社会科学版), 2010, 42 (6): 1-6.

[80] 王士元. 演化语言学论集 [M]. 北京: 商务印书馆, 2013.

[81] 文秋芳. 构建"产出导向法"理论体系 [J]. 外语教学与研究, 2015, 47 (4): 547-558, 640.

[82] 文秋芳. "产出导向法"的中国特色 [J]. 现代外语, 2017, 40 (3): 348-358, 438.

[83] 文秋芳. 专栏引言: "产出导向法"教学流程再解读 [J]. 外语教育研究前沿, 2020, 3 (2): 3.

[84] 吴坚. 全球化下国家语言推广战略 [M]. 北京: 科学出版社, 2013.

[85] 向明友, 夏登山. 博弈语用学述评 [J]. 山东外语教学, 2011, 32 (4): 15-20.

[86] 徐锦芬, 龙在波. 技术调节外语教学研究中的理论意识 [J]. 外语电化教学, 2020 (1): 38-44, 6.

[87] 许其潮. 语言经济学: 一门新兴的边缘学科 [J]. 外国语, 1999 (4): 3-5.

[88] 许其潮. 从语言经济学角度看我国的外语教育 [J]. 外语与外语教学, 1999 (8): 3-5.

[89] 杨传鸣. 语言经济学视角下的专门用途英语教育发展研究 [J]. 外语学刊, 2015 (2): 122-126.

[90] 姚春林. 澳大利亚原住民语言政策的历史与现状 [J]. 中

央民族大学学报（哲学社会科学版），2018，45（5）：37-42.

[91] 尹世超. 标题语法 [M]. 北京：商务印书馆，2001.

[92] 尹悦，金基石. 光复后韩国的语言生态及语言政策 [J]. 东疆学刊，2019，36（2）：80-85.

[93] 原慧艳. 抗击疫情"硬核"标语的语言艺术 [J]. 语文建设，2020（4）：70-73.

[94] 袁毓林. 从语言表达看疫情下人们的因果认知与反思归因 [J]. 语言战略研究，2020，5（5）：32-47.

[95] 张德胜，彭晨. 新冠肺炎防控中的乡村标语构建与传播 [J]. 新闻与写作，2020（7）：92-94.

[96] 张慧玉. 语言经济学承前启后的跨学科之作——《语言政策经济学》述评 [J] 语言战略研究，2018，3（1）：88-96.

[97] 张居设. 东盟国家官方语言及其相关政策的启示 [J]. 东南亚纵横，2011（6）：75-77.

[98] 张伶俐. "产出导向法"的教学有效性研究 [J]. 现代外语，2017，40（3）：369-376，438.

[99] 张卫国. 语言政策与语言规划：经济学与语言学比较的视角 [J]. 云南师范大学学报（哲学社会科学版），2011，43（5）：8-13.

[100] 张卫国. 语言的经济学分析：一个基本框架 [M]. 北京：中国社会科学出版社，2016.

[101] 张卫国. 普通话能力的减贫效应：基于经济、健康和精神维度的经验分析 [J]. 语言文字应用，2020（4）：37-51.

[102] 张西平，柳若梅. 世界主要国家语言推广政策概览 [M]. 北京：外语教学与研究出版社，2008.

[103] 张忻. 语言的经济学与大学英语教育 [J]. 中南大学学报（社会科学版），2008（3）：415-419.

[104] 赵春曦. 基于语言经济学理论的商务英语人才培养模式

探讨 [J]. 中国商论, 2019 (8): 255 – 256.

[105] 赵世举. 语言文字事业发展的新使命 [N]. 光明日报, 2017 – 12 – 31 (08).

[106] 赵世举, 葛新宇. 语言经济学的维度及视角 [J]. 武汉大学学报 (人文科学版), 2017, 70 (6): 92 – 104.

[107] 郑丽萍. 国外语言经济学研究流派综述 [J]. 外语研究, 2015 (1): 29 – 34.

[108] 钟耀林. 抗击疫情中社区"硬核"标语口号问题及其修正 [J]. 太原学院学报 (社会科学版), 2020, 21 (5): 9 – 16.

[109] 邹琳琳. 基于语言经济学视角的商务英语人才培养模式研究 [J]. 湖北经济学院学报 (人文社会科学版), 2018 (8): 137 – 140.

[110] Amery R & Buckskin V K. Handing on the teaching of Kaurna language to Kaurna youth [J]. *Australian Aboriginal Studies*, 2012 (2): 31 – 41.

[111] Asik A, Cephe P T. Discourse Markers and Spoken English: Nonnative Use in the Turkish EFL Setting. *English Language Teaching*, 2013, 6 (12): 144 – 155.

[112] Azam M, Chin A & Prakash N. The Returns to English – Language Skills in India [J]. *Economic Development and Cultural Change*, 2013, 61 (2), 335 – 367.

[113] Benz A, Jager G & Rooij R. V. *Game theory and Pragmatics* [M]. Palgrave Macmillan, 2006 edition (December 30, 2005).

[114] Biddle N & Swee H. The relationship between wellbeing and Indigenous land, language and culture in Australia [J]. *Australian Geographer*, 2012, 43 (3): 215 – 232.

[115] Chu M N & Le P T N. Language Policy Strategies of Malaysia, Singapore and Indonesia [J]. *The Journal of Indian and Asian Studies*, 2020, 1 (2): 1 – 11.

[116] Chun K. Three kinds theory basics on writing Hanja together with Hangeul (in Korean) [J]. *Inmun Gwahak*, 2015 (59): 317-353.

[117] Church, J. and I. King. Bilingualism and network externalities [J]. *Canadian Journal of Economics*, 1993, 26 (2): 337-345.

[118] Disbray S & Loakes D. Writing Aboriginal English & Creoles: Five case studies In Australian education contexts [J]. *Australian Review of Applied Linguistics*, 2013, 36 (3): 285-301.

[119] Edwards J. *Multilingualism. Understanding linguistic diversity* [M]. London: Continuum, 2012.

[120] Franke M. Game Theoretic Pragmatics [J]. *Philosophy Compass*, 2013, 8 (3): 269-284.

[121] Gao W & Smyth R. Economic returns to speaking "standard Mandarin" among migrants in China's urban labour market [J]. *Economics of Education Review*, 2011, (30): 342-352.

[122] Gazzola M. 2014. *The evaluation of language regimes. Theory and application to multilingual patent organisations* [M]. Amsterdam: John Benjamins, 2014.

[123] Gazzola M, Grin F & F Vaillancourt. Evaluating Language Policy and Planning: An Introduction to the Economic Approach [J]. In Vigouroux B & Mufwene S (Eds.), *Bridging Linguistics and Economics*, Cambridge University Press, 2020: 109-139.

[124] Glazer J & Rubinstein A. Debates and Decisions: On a Rationale of Argumentation Rules [J]. *Games and Economic Behavior*, 2001 (36): 158-173.

[125] Grin F. The economic approach to minority languages [J]. *Journal of Multilingual and Multicultural Development*, 1990 (11): 153-173.

[126] Grin F. Towards a threshold theory of a minority language

survival [J]. *Kyklos*, 1992 (45): 69 – 97.

[127] Grin F. The Economics of Language: Survey, Assessment, and Prospects [J]. *International Journal of the Sociology of Language*, 1996 (121): 17 – 44.

[128] Grin F. Language Planning and Economics [J]. *Current Issues in Language Planning*, 2003, 4 (1): 1 – 66.

[129] Grin F. Economic analysis of language policy and planning [J]. In Carol A. Chapelle (ed.), *The Encyclopedia of Applied Linguistics*. Wiley – Blackwell, 2012.

[130] Harbert W. *Language and poverty*. Bristol; Buffalo: Multilingual matters, 2009.

[131] Harvey S. A national languages policy for New Zealand: Still relevant today? [J]. Conference Paper, CLESOL 2014 Proceedings.

[132] Hassan A. Language planning in southeast Asia [M]. Kuala Lumpur: Ministry of Education, 1994.

[133] Jager G. Game theory in semantics and pragmatics [J]. In Maienborn C, Heusinger K & Portner P (Eds.), *Semantics – Interfaces*, Mouton Reader, 2019: 563 – 597.

[134] Lee C G. English Language and Economic Growth: Cross – Country Empirical Evidence [J]. *Journal of Economic and Social Studies*, 2012, 2 (1): 5 – 20.

[135] Li L. An Economic Analysis of Letter Competition [D]. Ph. D Thesis (in Korean), Department of Economics, Graduate School, Hoseo University, 2017.

[136] Li L, Kim G S. Letter Use Competition with a Benevolent Dictator [J]. *Review of Institution and Economics*, 2019, 13 (3), 69 – 80.

[137] Marhum M. Language education policy at schools in the era of Southeast Asian economic community integration [J]. *Journal of Ad-*

vanced Research in Social Sciences and Humanities, 2018 (3): 95-101.

[138] Marschak J. Economics of Language [J]. *Systems Research and Behavioral Science*, 1965, 10 (2): 135-140.

[139] Omar, A. H. The linguistic scenery in Malaysia [M]. Kuala Lumpur, Malaysia: Dewan Bahasa Dan Pustaka, 1992.

[140] Pendakur K & Ravi. Speaking in Tongues: Language Knowledge as Human Capital and Ethnicity [J]. *International Migration Review*, 2002, 36 (1), 147-178.

[141] Rohlfs J. A Theory of Interdependent Demand for a Communication Service [J]. *The Bell Journal of Economics and Management Science*, 1974, 5 (1): 16-37.

[142] Rubinstein A. Why are certain properties of binary relations relatively more common in natural language [J]. *Econometrica*, 1996, 64 (2): 343-355.

[143] Rubinstein A. *Economics and Language (Five Essays)* [M]. Cambridge: Cambridge university press, 2000.

[144] Selten R & Pool J. The Distribution of Foreign Language Skills as a Game Equilibrium [A]. *Game Equilibrium Models IV: Social and Political Interaction*. Berlin: Springer-Verlag, 1991: 64-87.

[145] Sperlich S and J Uriarte. The economics of minority language use: theory and empirical evidence for a language game model [J]. Working Paper, 2018.

[146] Vaillancourt F. The economics of language and language planning [J]. *Language Problems and Language Planning*, 1983 (7): 162-178.

[147] Vivien W. The language medium policies: A study on the development of independent Chinese secondary schools (ICSS) in Malaysia [J]. *KATHA*, 2017 (13): 32-53.

[148] Wee L. The minoritization of languages in Singapore [J]. In P. Sercombe and R. Tupas (Eds.), *Language, education and nation-building: Assimilation and shift in Southeast Asia*. Houndmills, Basingstoke: Palgrave Macmillan, 2014: 181-199.

[149] Wiese H. Language Competition: an economic theory of language learning and production [J]. *International Journal of the Sociology of Language*, 2015 (236): 295-329.

[150] Zhang W & Grenier G. How can Language be linked to Economics? A Survey of Two Strands of Research [J]. *Language Problems and Language Planning*, 2013, 37 (3): 203-226.